John Stuart Mill

De la liberté de pensée et de discussion

extrait de
De la liberté

Traduction de l'anglais par
Dupond White, revue par
Laurence Lenglet

Dossier et notes réalisés par
Nicolas Roblain

Lecture d'image par
Seloua Luste Boulbina

folioplus
philosophie

Nicolas Roblain (né en 1973), professeur de philosophie, a enseigné à Troyes et enseigne aujourd'hui en région parisienne, à Lognes ; il est titulaire d'une maîtrise portant sur les phénoménologies du temps. Il est l'auteur du commentaire de *La création du monde et le temps*, extrait des *Confessions* de saint Augustin (Folioplus philosophie n° 88).

Seloua Luste Boulbina, agrégée de philosophie et docteur en sciences politiques, est professeur de philosophie à Paris. Elle travaille régulièrement avec des artistes et initie ses étudiants aux arts plastiques contemporains. Elle est responsable de séminaire au Collège international de philosophie et a dirigé le numéro 58 de la revue *Rue Descartes* intitulé « Réflexion sur la postcolonie » (novembre 2007). Elle collabore aux revues *Sens Public*, *Les Temps Modernes*, *Les Cahiers Philosophiques*. Elle a publié *Grands Travaux à Paris (1981-1995)*, La Dispute, 2007 ; *Le Singe de Kafka et autres propos sur la colonie*, Parangon, 2008.

Sommaire

Sommaire

*De la liberté de pensée
et de discussion*

Il est à espérer que le temps où il aurait fallu défendre la «liberté de presse» comme l'une des sécurités contre un gouvernement corrompu ou tyrannique est révolu. On peut supposer qu'il est aujourd'hui inutile de défendre l'idée selon laquelle un législatif ou un exécutif dont les intérêts ne seraient pas identifiés à ceux du peuple n'est pas autorisé à lui prescrire des opinions ni à déterminer pour lui les doctrines et les arguments à entendre. D'ailleurs, les philosophes qui m'ont précédé ont déjà si souvent et triomphalement mis en évidence cet aspect du problème que point n'est besoin d'y insister ici. Quoique la loi anglaise sur la presse soit aussi servile de nos jours qu'au temps des Tudor[1], il n'y a guère de risque qu'elle fasse office d'outil de répression contre la discussion politique, sinon dans un moment de panique passagère où la crainte fait perdre la tête aux ministres et aux juges*. Et généralement, il n'est

_____

1. La famille des Tudor régna sur l'Angleterre entre 1485 et 1603.
* Ces mots étaient à peine écrits lorsque, comme pour leur donner un démenti solennel, survinrent en 1858 les poursuites du gouvernement contre la presse. Cette intervention malavisée dans la discussion publique ne m'a pas entraîné à changer un seul mot au texte; elle n'a pas davantage affaibli ma conviction que, les moments de panique exceptés, l'ère des sanctions à l'encontre de la discussion

pas à craindre dans un pays constitutionnel que le gouvernement, qu'il soit ou non entièrement responsable envers
le peuple, cherche souvent à contrôler l'expression de l'opinion, excepté lorsque, en agissant ainsi, il se fait l'organe de
l'intolérance générale du public. Supposons donc que le gouvernement ne fasse qu'un avec le peuple et ne songe jamais
à exercer aucun pouvoir de coercition, à moins d'être en
accord avec ce qu'il estime être la voix du peuple [1]. Mais je

---

politique était révolue dans notre pays. Car d'abord on ne persista pas
dans les poursuites et secondement, ce ne furent jamais à proprement
parler des poursuites politiques. L'offense reprochée n'était pas
d'avoir critiqué les instructions, les actes ou les personnes des gouvernants, mais d'avoir propagé une doctrine estimée immorale : la
légitimité du tyrannicide.

Si les arguments du présent chapitre ont quelque validité, c'est qu'il
devrait y avoir la pleine liberté de professer et de discuter, en tant que
conviction éthique, n'importe quelle doctrine, aussi immorale puisse-
t-elle sembler. Il serait donc inapproprié et déplacé d'examiner ici si la
doctrine du tyrannicide mérite bien ce qualificatif. Je me contenterai de
dire que cette question fait depuis toujours partie des débats moraux et
qu'un citoyen qui abat un criminel s'élève ce faisant au-dessus de la loi
et se place hors de portée des châtiments et des contrôles légaux. Cette
action est reconnue par des nations entières et par certains hommes,
les meilleurs et les plus sages, non comme un crime, mais comme un
acte d'extrême vertu. En tout cas, bon ou mauvais, le tyrannicide n'est
pas de l'ordre de l'assassinat, mais de la guerre civile. En tant que tel,
je considère que l'instigation au tyrannicide, dans un cas précis, peut
donner lieu à un châtiment approprié, mais cela seulement s'il est suivi
de l'acte proprement dit ou si un lien vraisemblable entre l'acte et l'instigation peut être établi. Mais dans ce cas, seul le gouvernement attaqué
lui-même — et non un gouvernement étranger — peut légitimement,
pour se défendre, punir les attaques contre sa propre existence. (*Les
notes appelées par un astérisque sont de John Stuart Mill.*)

1. En parlant d'un gouvernement qui ne fait « qu'un avec le
peuple », ou d'un gouvernement qui se ferait l'écho de « la voix du
peuple », Mill retrouve, à sa façon, le thème développé par Tocqueville de « la tyrannie de la majorité ». Autrement dit, s'il faut défendre,
et même étendre, la liberté d'opinion, ce n'est pas parce qu'elle serait
menacée par un gouvernement tyrannique mais plutôt parce qu'elle
est menacée par le conformisme qu'impose l'avènement nouveau
d'une opinion publique dominante, opinion que le gouvernement
peut, bien entendu, faire sienne.

refuse au peuple le droit d'exercer une telle coercition, que ce soit de lui-même ou par l'intermédiaire de son gouvernement, car ce pouvoir est illégitime. Le meilleur gouvernement n'y a pas davantage de droit que le pire : un tel pouvoir est aussi nuisible, si ce n'est plus, lorsqu'il s'exerce en accord avec l'opinion publique qu'en opposition avec elle. Si tous les hommes moins un partageaient la même opinion, ils n'en auraient pas pour autant le droit d'imposer silence à cette personne, pas plus que celle-ci, d'imposer silence aux hommes si elle en avait le pouvoir. Si une opinion n'était qu'une possession personnelle, sans valeur pour d'autres que son possesseur ; si d'être gêné dans la jouissance de cette possession n'était qu'un dommage privé, il y aurait une différence à ce que ce dommage fût infligé à peu ou à beaucoup de personnes. Mais ce qu'il y a de particulièrement néfaste à imposer silence à l'expression d'une opinion, c'est que cela revient à voler l'humanité : tant la postérité que la génération présente, les détracteurs de cette opinion davantage encore que ses détenteurs. Si l'opinion est juste, on les prive de l'occasion d'échanger l'erreur pour la vérité ; si elle est fausse, ils perdent un bénéfice presque aussi considérable : une perception plus claire et une impression plus vive de la vérité que produit sa confrontation avec l'erreur [1].

Il est nécessaire de considérer séparément ces deux hypothèses, à chacune desquelles correspond une branche distincte de l'argument. On ne peut jamais être sûr que l'opinion qu'on s'efforce d'étouffer est fausse ; et si nous l'étions, ce serait encore un mal.

Premièrement, il se peut que l'opinion qu'on cherche à

---

1. Mill avance, sous une forme ramassée, l'aspect essentiel de son unique argument : faire taire une opinion revient soit à s'écarter de la vérité, soit à s'interdire d'appréhender plus pleinement la vérité. Dans les deux cas, on vole l'humanité car on la prive de l'utilité apportée par l'examen de l'opinion.

supprimer soit vraie : ceux qui désirent la supprimer en contestent naturellement la vérité, mais ils ne sont pas infaillibles [1]. Il n'est pas en leur pouvoir de trancher la question pour l'humanité entière, ni de retirer à d'autres qu'eux les moyens de juger. Refuser d'entendre une opinion sous prétexte qu'ils sont sûrs de sa fausseté, c'est présumer que *leur* certitude est la certitude *absolue*. Étouffer une discussion, c'est s'arroger l'infaillibilité. Cet argument commun suffira à la condamnation de ce procédé, car tout commun qu'il soit, il n'en est pas plus mauvais.

Malheureusement pour le bon sens des hommes, le fait de leur faillibilité est loin de garder dans leur jugement pratique le poids qu'ils lui accordent en théorie. En effet, bien que chacun se sache faillible, peu sont ceux qui jugent nécessaire de se prémunir contre cette faillibilité, ou d'admettre qu'une opinion dont ils se sentent très sûrs puisse être un exemple de cette erreur. Les princes absolus, ou quiconque accoutumé à une déférence illimitée, éprouvent ordinairement cette entière confiance en leurs propres opinions sur presque tous les sujets. Les hommes les plus heureusement placés qui voient parfois leurs opinions disputées, et qui ne sont pas complètement inaccoutumés à être corrigés lorsqu'ils ont tort, n'accordent cette même confiance illimitée qu'aux opinions qu'ils partagent avec leur entourage, ou avec ceux envers qui ils défèrent habituellement ; car moins un homme fait confiance à son jugement solitaire, plus il s'en remet implicitement à l'infaillibilité « du monde » en général. Et le monde, pour chaque individu, signifie la partie du monde avec laquelle il est en contact : son parti, sa secte, son Église, sa classe sociale. En comparaison, on trouvera à un homme l'esprit large et libéral s'il étend le terme de

---

1. Mill évoque, pour la première fois, la présomption d'infaillibilité, qui est aussi bien une illusion d'infaillibilité (voir « Trois questions posées au texte », p. 132).

«monde» à son pays ou son époque. Et sa foi dans cette autorité collective ne sera nullement ébranlée quoiqu'il sache que d'autres siècles, d'autres pays, d'autres sectes, d'autres Églises, d'autres partis ont pensé et pensent encore exactement le contraire. Il délègue à son propre monde la responsabilité d'avoir raison face aux mondes dissidents des autres hommes, et jamais il ne s'inquiète de ce que c'est un pur hasard qui a décidé lequel de ces nombreux mondes serait l'objet de sa confiance, et de ce que les causes qui font de lui un anglican [1] à Londres sont les mêmes qui en auraient fait un bouddhiste ou confucianiste à Pékin. Cependant il est évident, comme pourraient le prouver une infinité d'exemples, que les époques ne sont pas plus infaillibles que les individus, chaque époque ayant professé nombre d'opinions que les époques suivantes ont estimées non seulement fausses, mais absurdes. De même il est certain que nombre d'opinions aujourd'hui répandues seront rejetées par les époques futures, comme l'époque actuelle rejette nombre d'opions autrefois répandues.

Cet argument suscitera probablement une objection de la forme suivante : interdire la propagation de l'erreur n'est effectivement pas davantage une garantie d'infaillibilité que n'importe quel acte accompli par l'autorité publique selon son propre jugement et sous sa propre responsabilité [2], mais le jugement est donné aux hommes pour qu'ils s'en servent. Pour autant faut-il défendre purement et simplement aux hommes d'en faire mauvais usage ? En interdisant ce qu'ils

---

1. L'Église anglicane est l'Église officielle d'Angleterre.
2. *There is no greater assumption of infallibility in forbidding the propagation of error, than in other thing which is done by public authority on its own judgment and responsibility* : «Interdire la propagation de l'erreur n'est pas une assomption d'infaillibilité plus grande que celle qui prévaut à l'occasion d'autres actes accomplis par l'autorité publique, en vertu de son propre jugement et sous sa propre responsabilité.»

estiment pernicieux, ils ne prétendent pas être exempts d'erreurs : ils ne font que remplir leur devoir d'agir selon leur conscience et leur conviction, malgré leur faillibilité. Si nous ne devions jamais agir selon nos opinions de peur qu'elles ne soient fausses, ce serait négliger à la fois tous nos intérêts et nos devoirs. Une objection qui s'applique à toute conduite en général ne saurait être une objection valable à aucune conduite en particulier. C'est le devoir du gouvernement, et des individus, de se former les opinions les plus justes qu'ils peuvent, de se les former avec soin, sans jamais les imposer aux autres à moins d'être tout à fait sûrs d'avoir raison. Mais quand ils en sont sûrs (diront les raisonneurs), ce n'est point la conscience, mais la couardise qui les retient de laisser se diffuser certaines doctrines qu'honnêtement ils estiment dangereuses pour le bien-être de l'humanité, soit dans cette vie, soit dans l'autre ; et cela, parce que d'autres peuples en des temps moins éclairés ont réprimé des opinions qu'on croit justes aujourd'hui. Gardons-nous, dira-t-on, de refaire la même erreur. Mais gouvernements et nations ont commis des erreurs dans d'autres domaines dont on ne nie pas qu'ils soient du ressort de l'autorité publique : ils ont levé de mauvais impôts, mené des guerres injustes. Est-ce une raison pour ne plus lever d'impôts ou pour ne plus faire de guerres, en dépit des provocations ? Les hommes et les gouvernements doivent agir du mieux qu'ils peuvent. Il n'existe pas de certitude absolue, mais il y en a assez pour les besoins de la vie. Nous pouvons et devons présumer juste notre opinion, suffisamment pour diriger notre conduite ; et ce n'est présumer rien de plus que d'empêcher les mauvaises gens de pervertir la société en propageant des opinions que nous jugeons fausses et pernicieuses.

Je réponds que c'est présumer bien davantage. Il existe une différence extrême entre présumer vraie une opinion qui a survécu à toutes les réfutations et présumer sa vérité afin de ne pas en permettre la réfutation. La liberté complète de contredire et de réfuter notre opinion est la condition même qui nous permet de présumer sa vérité en vue d'agir : c'est là la seule façon rationnelle donnée à un être doué de facultés humaines de s'assurer qu'il est dans le vrai.

Quand nous considérons soit l'histoire de l'opinion, soit le cours ordinaire de la vie humaine, à quoi attribuer que l'une et l'autre ne soient pas pires ? Certes pas à la force propre de l'intelligence humaine ; car, pour toute question délicate, une personne sur cent sera capable de trancher ; et encore, la capacité de cette unique personne n'est que relative. Car la majorité des grands hommes des générations passées a soutenu maintes opinions aujourd'hui tenues pour erronées et fait et approuvé nombre de choses que nul ne justifie plus aujourd'hui. Comment se fait-il alors qu'il y ait globalement prépondérance d'opinions et de conduites rationnelles dans l'humanité ? Si prépondérance il y a — et sans elle, les affaires humaines seraient et eussent toujours été dans un état presque désespéré — elle le doit à une qualité de l'esprit humain, à la source de tout ce qu'il y a de respectable en l'homme en tant qu'être intellectuel et moral, à savoir que ses erreurs sont rectifiables. Par la discussion et l'expérience — mais non par la seule expérience — il est capable de corriger ses erreurs : la discussion est nécessaire pour montrer comment interpréter l'expérience. Fausses opinions et fausses pratiques cèdent graduellement devant le fait et l'argument ; mais pour produire quelque effet sur l'esprit, ces faits et arguments doivent lui être présentés. Rares sont les faits qui parlent d'eux-mêmes, sans commentaire qui fasse ressortir leur signification. Il s'ensuit que toute la force et la valeur de l'esprit humain — puisqu'il dépend de cette faculté d'être rectifié quand il s'égare — n'est vraiment fiable que si tous les moyens pour le rectifier sont à portée de main. Le jugement d'un homme s'avère-t-il digne de confiance, c'est qu'il a su demeurer ouvert aux critiques sur ses opinions et sa conduite ; c'est qu'il a pris l'habitude d'écouter tout ce qu'on disait contre lui, d'en profiter autant qu'il était nécessaire et de s'exposer à lui-même — et parfois aux autres — la fausseté de ce qui était faux : c'est qu'il a senti que la seule façon pour un homme d'accéder à la connaissance exhaustive d'un sujet est d'écouter ce qu'en disent des personnes d'opinions variées et comment l'envisagent différentes formes d'esprit[1]. Jamais homme sage n'acquit sa sagesse autrement ; et la nature de l'intelligence humaine est telle qu'elle ne peut l'acquérir autrement. Loin de susciter doute et hésitation lors de la mise en pratique, s'habituer à corriger et compléter systématiquement son opinion en la comparant à celle des autres est la seule garantie qui la rende digne de confiance. En effet l'homme sage — pour connaître manifestement tout ce qui se peut dire contre lui, pour défendre sa position contre tous les contradicteurs, pour savoir que loin d'éviter les objections et les difficultés, il les a recherchées et n'a négligé aucune lumière susceptible d'éclairer tous les aspects du sujet — l'homme sage a le droit de penser que son jugement vaut mieux que celui d'un autre ou d'une multitude qui n'ont pas suivi le même processus.

Ce n'est pas trop exiger que d'imposer à ce qu'on appelle le public — ce mélange hétéroclite d'une minorité de sages et d'une majorité de sots — de se soumettre à ce que les hommes les plus sages — ceux qui peuvent le plus prétendre à la fiabilité de leur jugement — estiment nécessaire pour garantir leur jugement. La plus intolérante des Églises, l'Église catholique romaine, admet et écoute patiemment, même lors de la canonisation d'un saint, un «avocat du

---

1. La figure de l'homme sage (*wise man*) est liée à une rigoureuse discipline intellectuelle, qui n'est guère dissociable d'une véritable éthique intellectuelle supposant, en son cœur, la vertu d'humilité.

diable[1] ». Les plus saints des hommes ne sauraient être admis aux honneurs posthumes avant que tout ce que le diable peut dire contre eux ne soit connu et pesé. S'il était interdit de remettre en question la philosophie newtonienne, l'humanité ne pourrait aujourd'hui la tenir pour vraie en toute certitude. Les croyances pour lesquelles nous avons le plus de garantie n'ont pas d'autre sauvegarde qu'une invitation constante au monde entier de les prouver non fondées. Si le défi n'est pas relevé — ou s'il est relevé et que la tentative échoue — nous demeurerons assez éloignés de la certitude, mais nous aurons fait de notre mieux dans l'état actuel de la raison humaine : nous n'aurons rien négligé pour donner à la vérité une chance de nous atteindre. Les lices restant ouvertes, nous pouvons espérer que s'il existe une meilleure vérité, elle sera découverte lorsque l'esprit humain sera capable de la recevoir. Entre-temps, nous pouvons être sûrs que notre époque a approché la vérité d'aussi près que possible. Voilà toute la certitude à laquelle peut prétendre un être faillible, et la seule manière d'y parvenir.

Il est étonnant que les hommes admettent la validité des arguments en faveur de la libre discussion, mais qu'ils objectent dès qu'il s'agit de les « pousser jusqu'au bout », et cela sans voir que si ces raisons ne sont pas bonnes pour un cas extrême, c'est qu'elles ne valent rien. Il est étonnant qu'ils s'imaginent ne pas s'attribuer l'infaillibilité en reconnaissant la nécessité de la libre discussion sur tous les sujets ouverts

---

1. La figure de l'« avocat du diable » revient à plusieurs reprises dans notre texte. Au sein de l'Église catholique et romaine, l'avocat du diable a pour tâche d'argumenter contre la canonisation du défunt. Par extension, l'avocat du diable est celui qui produit des arguments contre une thèse ou une doctrine, sans faire sienne, néanmoins, la thèse adverse qui serait, en principe, liée aux arguments et objections qu'il s'attache à produire. En ce sens, il alimente la discussion contradictoire et contribue à la maintenir vivante.

au doute, mais pensent également que certaines doctrines ou principes particuliers devraient échapper à la remise en question sous prétexte que leur certitude est prouvée, ou plutôt *qu'ils sont certains, eux,* de leur certitude. Qualifier une proposition de certaine tant qu'il existe un être qui nierait cette certitude s'il en avait la permission alors qu'il est privé de celle-ci, c'est nous présumer — nous et ceux qui sont d'accord avec nous — les garants de la certitude, garants qui de surcroît pourraient se dispenser d'entendre la partie adverse.

Dans notre époque — qu'on a décrite comme « privée de foi, mais terrifiée devant le scepticisme [1] » — où les gens se sentent sûrs non pas tant de la vérité de leurs opinions que de leur nécessité, les droits d'une opinion à demeurer protégée contre l'attaque publique se fondent moins sur sa vérité que sur son importance pour la société. Il y a, dit-on, certaines croyances si utiles, voire si indispensables au bien-être qu'il est du devoir des gouvernements de les défendre, au même titre que d'autres intérêts de la société. Devant une telle situation de nécessité, devant un cas s'inscrivant aussi évidemment dans leur devoir, assure-t-on, un peu moins d'infaillibilité suffirait pour justifier, voire obliger, les gouvernements à agir selon leur propre opinion, confirmée par l'opinion générale de l'humanité. On avance aussi souvent — et on le pense plus souvent encore — que seuls les méchants désireraient affaiblir ces croyances salutaires ; aussi n'y a-t-il rien de mal à interdire ce qu'eux seuls voudraient faire. Cette manière de penser, en justifiant les restrictions sur la discussion, fait de ce problème non plus une question de vérité, mais d'utilité des doctrines ; et on se flatte ce faisant d'échapper à l'accusation de garant infaillible

---

1. Il s'agit d'une citation de Thomas Carlyle qui apparaît, pour la première fois, dans le journal de Mill, le *London et Westminster Review*, en 1838.

des opinions. Mais ceux qui se satisfont à si bon compte ne s'aperçoivent pas que la prétention à l'infaillibilité est simplement déplacée. L'utilité même d'une opinion est affaire d'opinion : elle est un objet de dispute ouvert à la discussion, et qui l'exige autant que l'opinion elle-même. Il faudra un garant infaillible des opinions tant pour décider qu'une opinion est nuisible que pour décider qu'elle est fausse, à moins que l'opinion ainsi condamnée n'ait toute latitude pour se défendre. Il ne convient donc pas de dire qu'on permet à un hérétique de soutenir l'utilité ou le caractère inoffensif de son opinion si on lui défend d'en soutenir la vérité. La vérité d'une opinion fait partie de son utilité. Lorsque nous voulons savoir s'il est souhaitable qu'une proposition soit partagée, est-il possible d'exclure la question de savoir si oui ou non elle est vraie ? Dans l'opinion, non des méchants mais des meilleurs des hommes, nulle croyance contraire à la vérité ne peut être réellement utile : pouvez-vous empêcher de tels hommes d'avancer cet argument quand on les accuse de s'opposer à l'utilité prétendue d'une doctrine qu'ils estiment fausse par ailleurs ? Ceux qui défendent les opinions reçues ne manquent jamais de tirer tous les avantages possibles de cette excuse : jamais on ne les voit, *eux*, traiter de la question de l'utilité comme si on pouvait l'abstraire complètement de celle de la vérité. Au contraire, c'est avant tout parce que leur doctrine est « la vérité » qu'ils estiment si indispensable de la connaître ou d'y croire. Il ne peut y avoir de discussion loyale sur la question de l'utilité quand un seul des deux partis peut se permettre d'avancer un argument aussi vital. Et en fait, lorsque la loi ou le sentiment public ne permettent pas de remettre en question la vérité d'une opinion, ils tolèrent tout aussi peu un déni de son utilité. Ce qu'ils permettent, tout au plus, c'est une atténuation de sa nécessité absolue ou de la faute indéniable qu'il y aurait à la rejeter.

Afin de mieux illustrer tout le mal qu'il y a à refuser

d'écouter des opinions parce que nous les avons condam-
nées d'avance dans notre propre jugement, il convient
d'ancrer la discussion sur un cas concret. Je choisirai de préférence les cas qui me sont les moins favorables, ceux dans
lesquels les arguments contre la liberté d'opinion — tant du
côté de la vérité que de l'utilité — sont estimés les plus
forts. Supposons que les opinions contestées soient la
croyance en un Dieu et en une vie future, ou n'importe
laquelle des doctrines morales communément reçues.
Livrer bataille sur un tel terrain, c'est donner grand avantage à un adversaire de mauvaise foi, car il dira sûrement
(et bien d'autres qui ne voudraient pas faire montre de mauvaise foi se le diront intérieurement avec lui) : sont-ce là les
doctrines que vous n'estimez pas suffisamment certaines
pour être protégées par la loi ? La croyance en un Dieu est-
elle, selon vous, de ces opinions dont on ne peut se sentir
sûr sans prétendre à l'infaillibilité ? Qu'on me permette de
remarquer que le fait de se sentir sûr d'une doctrine (quelle
qu'elle soit) n'est pas ce que j'appelle prétendre à l'infaillibilité. J'entends par là le fait de vouloir décider cette question *pour les autres* sans leur permettre d'entendre ce qu'on
peut dire de l'autre côté [1]. Et je dénonce et ne réprouve pas
moins cette prétention quand on l'avance en faveur de mes
convictions les plus solennelles. Quelque persuadé que soit
un homme non seulement de la fausseté, mais des conséquences pernicieuses d'une opinion — non seulement de
ses conséquences pernicieuses, mais (pour employer des
expressions que je condamne absolument) de son immoralité et de son impiété — c'est présumer de son infaillibilité,
et cela en dépit du soutien que lui accorderait le jugement
public de son pays ou de ses contemporains, que d'empêcher cette opinion de plaider pour sa défense. Et cette pré-

---

1. C'est là la définition stricte et rigoureuse de l'infaillibilité.

somption, loin d'être moins dangereuse ou répréhensible, serait d'autant plus fatale que l'opinion en question serait appelée immorale ou impie. Telles sont justement les occasions où les hommes commettent ces terribles erreurs qui inspirent à la postérité stupeur et horreur. Nous en trouvons des exemples mémorables dans l'histoire lorsque nous voyons le bras de la justice utilisé pour décimer les meilleurs hommes et les meilleures doctrines, et cela avec un succès déplorable quant aux hommes ; quant aux doctrines, certaines ont survécu pour être (comme par dérision) invoquées en défense d'une conduite semblable envers ceux-là mêmes qui divergeaient de celles-ci ou de leur interprétation couramment admise.

On ne saurait rappeler trop souvent à l'humanité qu'il a existé autrefois un homme du nom de Socrate, et qu'il y eut, entre celui-ci et les autorités et l'opinion publique de son temps, un affrontement mémorable[1]. Né dans un siècle et dans un pays riche en grandeur individuelle, l'image qui nous a été transmise par ceux qui connaissaient le mieux à la fois le personnage et son époque, est celle de l'homme le plus vertueux de son temps ; mais *nous* le connaissons également comme le chef et le modèle de tous ces grands maîtres de vertu qui lui furent postérieurs, tout à la fois la source et la noble inspiration de Platon et de l'utilitarisme judicieux d'Aristote, «*i maëstri di color que sanno*[2]», eux-mêmes à l'origine de l'éthique et de toute philosophie. Ce

---

1. Mill fait référence au procès de Socrate, narré par Platon dans l'*Apologie de Socrate*. Par suite, il est fait appel à l'exemple de la condamnation et de la crucifixion du Christ au Calvaire. Mill, en évoquant aussi le grand prêtre Caïphe qui déchire ses habits en entendant le Christ, insiste sur l'intolérance qui habite ceux qui, en leur temps, apparaissaient comme des individus fort respectables et honorables.
2. La formule signifie que le Stagirite est le maître de ceux qui savent. C'est ainsi que Dante (1265-1321) désignait Aristote.

maître avoué de tous les éminents penseurs qui vécurent
après lui — cet homme dont la gloire ne cesse de croître
depuis plus de deux mille ans et éclipse celle de tous les
autres noms qui illustrèrent sa ville natale — fut mis à mort
par ses concitoyens après une condamnation juridique pour
impiété et immoralité. Impiété, pour avoir nié les dieux
reconnus par l'État ; en effet, ses accusateurs affirmaient
(voir l'*Apologie*) qu'il ne croyait en aucun dieu. Immoralité,
pour avoir été par ses doctrines et son enseignement le
« corrupteur de la jeunesse ». Il y a tout lieu de croire que
le tribunal le trouva en conscience coupable de ces crimes ;
et il condamna à mort comme un criminel l'homme probablement le plus digne de mérite de ses contemporains et
de l'humanité.

Passons à présent au seul autre exemple d'iniquité judi-
ciaire dont la mention, après la condamnation de Socrate,
ne nous fasse pas tomber dans la trivialité. L'événement eut
lieu sur le Calvaire il y a un peu plus de mille huit cents ans.
L'homme — qui laissa sur tous les témoins de sa vie et de
ses paroles une telle impression de grandeur morale que
les dix-huit siècles suivants lui ont rendu hommage comme
au Tout-Puissant en personne — cet homme fut ignomi-
nieusement mis à mort. À quel titre ? Blasphémateur. Non
seulement les hommes méconnurent leur bienfaiteur, mais
ils le prirent pour exactement le contraire de ce qu'il était
et le traitèrent comme un prodige d'impiété, accusation
aujourd'hui retournée contre eux pour le traitement qu'ils
lui infligèrent. Aujourd'hui, les sentiments qui animent les
hommes en considérant ces événements lamentables, spécialement le second, les rendent extrêmement injustes
dans leur jugement envers les malheureux acteurs de ces
drames. Ceux-ci, selon toute espérance, n'étaient point des
méchants — ils n'étaient pas pires que le commun des
hommes —, mais au contraire des hommes qui possédaient
au plus haut point les sentiments religieux, moraux et

patriotiques de leur temps et de leur peuple : la sorte même d'homme qui, à toutes les époques y compris la nôtre, ont toutes les chances de traverser la vie irréprochables et respectés. Le grand prêtre qui déchira ses vêtements en entendant prononcer les paroles qui, selon toutes les conceptions de son pays, constituaient le plus noir des crimes, éprouva sans doute une horreur sincère, à la mesure des sentiments moraux et religieux professés par le commun des hommes pieux et respectables. Pourtant la plupart de ceux qui frémissent aujourd'hui devant sa conduite auraient agi exactement de même s'ils avaient vécu à cette époque et étaient nés juifs. Les chrétiens orthodoxes qui sont tentés de croire que ceux qui lapidèrent les premiers martyrs furent plus méchants qu'eux-mêmes devraient se souvenir que saint Paul fut au nombre des persécuteurs [1].

Ajoutons encore un exemple, le plus frappant de tous si tant est que le caractère impressionnant d'une erreur se mesure à la sagesse et à la vertu de celui qui la commet. Si jamais monarque eut sujet de se croire le meilleur et le plus éclairé de ses contemporains, ce fut l'empereur Marc Aurèle. Maître absolu du monde civilisé tout entier, il se conduisit toute sa vie avec la plus pure justice et conserva, en dépit de son éducation stoïcienne, le plus tendre des cœurs. Le peu de fautes qu'on lui attribue viennent toutes de son indulgence, tandis que ses écrits, l'œuvre éthique la plus noble de l'Antiquité, ne diffère qu'à peine, sinon pas du tout, des enseignements les plus caractéristiques du Christ. Ce fut cet homme — meilleur chrétien dans tous les sens du terme (le dogmatique excepté) que la plupart des souverains officiellement chrétiens qui ont régné depuis — ce fut cet homme qui persécuta le christianisme. À la pointe

---

1. Saint Paul est, au commencement de sa vie, un juif rigoriste qui combat le christianisme naissant. Il se convertit après avoir rencontré le Christ à l'occasion d'une vision sur le chemin de Damas.

de tous les progrès antérieurs de l'humanité, doué d'une
intelligence ouverte et libre et d'un caractère qui le portait
à incarner dans ses écrits moraux l'idéal chrétien, il ne sut
pas voir — tout pénétré qu'il était de son devoir — que le
christianisme était un bien et non un mal pour le monde. Il
savait que la société de son temps était dans un état déplorable. Mais telle qu'elle était, il vit ou s'imagina voir que ce
qui l'empêchait d'empirer était la foi et la vénération qu'elle
vouait aux anciennes divinités. En tant que souverain, il
estima de son devoir de ne pas laisser la société se dissoudre, et ne vit pas comment, si on ôtait les liens exis-
tants, on en pourrait reformer d'autres pour la ressouder.
La nouvelle religion visait ouvertement à défaire ces liens ;
et comme son devoir ne lui dictait pas d'adopter cette religion, c'est qu'il lui fallait la détruire. C'est ainsi que le plus
doux et le plus aimable des philosophes et des souverains
— parce qu'il ne pouvait ni croire que la théologie du christianisme fût vraie ou d'origine divine, ni accréditer cette
étrange histoire d'un dieu crucifié, ni prévoir qu'un système
censé reposer entièrement sur de telles bases s'avérerait
par la suite, en dépit des revers, l'agent du renouvelle-
ment — fut conduit par un sens profond du devoir à auto-
riser la persécution du christianisme. À mon sens, c'est l'un
des événements les plus tragiques de l'histoire. On n'imagine pas sans amertume combien le christianisme du monde
aurait été différent si la foi chrétienne était devenue la religion de l'empire sous les auspices de Marc Aurèle et non
ceux de Constantin [1]. Mais ce serait être à la fois injuste
envers Marc Aurèle et infidèle à la vérité de nier que, s'il

---

1. Constantin est un empereur romain dont le règne s'étend de
306 à 337 et qui fera du christianisme la religion de l'Empire. Mill
voit, dans l'attitude de l'empereur et philosophe stoïcien Marc Aurèle
(121-180) consistant à persécuter les chrétiens une catastrophe. En
effet, pour notre auteur, le stoïcisme est censé constituer une forme
originaire de christianisme.

réprima comme il le fit la propagation du christianisme, il invoqua tous les arguments pour réprimer les enseignements antichrétiens [1]. Tout chrétien croit fermement que l'athéisme mène à la dissolution de la société : Marc Aurèle le pensait tout aussi fermement du christianisme, lui qui, de tous ses contemporains, paraissait le plus capable d'en juger. À moins de rivaliser en sagesse et en bonté avec Marc Aurèle, à moins d'être plus profondément versé dans la sagesse de son temps, de se compter parmi les esprits supérieurs, de montrer plus de sérieux dans la quête de la vérité et lui être plus dévoué après l'avoir trouvée — mieux vaut donc que le partisan des sanctions à l'encontre de ceux qui propagent certaines opinions cesse d'affirmer sa propre infaillibilité et celle de la multitude, comme le fit le grand Antonin [2] avec un si fâcheux résultat.

Conscients de l'impossibilité de défendre des sanctions à l'encontre des opinions irréligieuses sans justifier Marc Aurèle, les ennemis de la liberté de culte acceptent parfois cette conséquence, quand on les pousse dans leurs derniers retranchements ; et ils disent, avec le Dr Johnson [3], que les persécuteurs du christianisme étaient dans le vrai, que la persécution est une épreuve que la vérité doit subir, et qu'elle subit toujours avec succès, puisque les sanctions — bien qu'efficaces contre les erreurs pernicieuses — s'avèrent toujours impuissantes contre la vérité. Voilà une forme

---

1. Mill veut dire que les arguments que Marc Aurèle invoque contre le christianisme ont pu être utilisés, en d'autres temps, par les chrétiens eux-mêmes pour combattre des enseignements antichrétiens. L'idée qui veut, par exemple, que telle doctrine fragilise et sape l'édifice social, qui a pu être mise en avant par des défenseurs de la foi chrétienne contre l'athéisme, est un thème mobilisé par Marc Aurèle contre la diffusion de la doctrine chrétienne dans l'Empire.

2. Le grand Antonin est l'un des noms de Marc Aurèle.

3. Samuel Johnson (1709-1784), ordinairement appelé le docteur Johnson, est un célèbre moraliste et écrivain anglais, connu pour ses travaux de lexicographe.

remarquable de l'argument en faveur de l'intolérance religieuse qui mérite qu'on s'y arrête.

Une théorie qui soutient qu'il est légitime de persécuter
la vérité sous prétexte que la persécution ne peut pas lui
faire de tort, ne saurait être accusée d'être hostile par avance
à l'accueil de vérités nouvelles. Mais elle ne se recommande
pas par la générosité du traitement qu'elle réserve à ceux
envers qui l'humanité est redevable de ces vérités. Révéler
au monde quelque chose qui lui importe au premier chef et
qu'il ignorait jusque-là, lui montrer son erreur sur quelque
point vital de ses intérêts spirituels et temporels, c'est le service le plus important qu'un être humain puisse rendre à ses
semblables ; et dans certains cas, comme celui des premiers
chrétiens et des réformateurs, les partisans de l'opinion du
Dr Johnson croient qu'il s'agit là des dons les plus précieux
qu'on puisse faire à l'humanité. En revanche, qu'on récom-
pense les auteurs de ces magnifiques bienfaits par le martyr
ou le traitement qu'on réserve aux plus vils criminels, voilà
qui n'est pas, selon cette théorie, une erreur et un malheur
déplorables dont l'humanité devrait se repentir dans le sac
et la cendre, mais le cours normal et légitime des choses.
Toujours selon cette théorie, l'auteur d'une vérité nouvelle
devrait, comme chez les Locriens [1] celui qui proposait une
loi nouvelle, se présenter la corde au cou qu'on serrait aussitôt si l'assemblée publique, après avoir entendu ses raisons,
n'adoptait pas sur-le-champ sa proposition. Il est impossible
de supposer que ceux qui défendent cette façon de traiter
les bienfaiteurs attachent beaucoup de prix aux bienfaits. Et
je crois que ce point de vue n'existe que chez les gens persuadés que les vérités nouvelles étaient peut-être souhai-
tables autrefois, mais que nous en avons assez aujourd'hui.

---

1. Les Locriens sont les habitants d'une cité grecque, fondée au
VIIe avant J.-C. ; cette cité était renommée pour la sévérité extrême de
son code de lois.

Mais assurément, cette affirmation selon laquelle la vérité triomphe toujours de la persécution est un de ces mensonges que les hommes se plaisent à se transmettre — mais que réfute toute expérience — jusqu'à ce qu'ils deviennent des lieux communs. L'histoire regorge d'exemples de vérités étouffées par la persécution; et si elle n'est pas supprimée, elle se perpétuera encore des siècles durant. Pour ne parler que des opinions religieuses, la Réforme éclata au moins vingt fois avant Luther, et elle fut réduite au silence. Arnaud de Brescia, Fra Dolcino, Savonarole : réduits au silence. Les Albigeois, les Vaudois, les Lollards, les Hussites : réduits au silence. Même après Luther, partout où la persécution se perpétua, elle fut victorieuse [1]. En Espagne, en Italie, en Flandres, en Autriche, le protestantisme fut extirpé; et il en aurait été très probablement de même en Angleterre, si la reine Marie avait vécu, ou si la reine Elizabeth [2] était morte. La persécution a triomphé partout, excepté là où les hérétiques formaient un parti trop puis-

---

1. Luther (1483-1546) est l'initiateur et le fondateur du mouvement de la Réforme protestante. Arnaud de Brescia est un prêtre et un responsable politique qui fut, au XIIᵉ siècle, poursuivi et exécuté par les autorités ecclésiastiques. Fra Dolcino est un prédicateur du XIIIᵉ siècle qui mourut sous la torture. Savonarole, prédicateur et réformateur religieux italien du XVᵉ siècle, réputé pour son austérité, fut pendu et brûlé après avoir été excommunié. Les Albigeois sont une secte religieuse, qui se développa dans le sud de la France, au XIIᵉ et au XIIIᵉ siècle, et qui fut, elle aussi, décimée par la persécution. Les Lollards sont un groupe d'hérétiques anglais du XIVᵉ siècle animé par John Wyclif, réclamant le retour à la pauvreté contre les pratiques ecclésiastiques, ce mouvement fut réprimé. Les Hussites, adeptes de Jan Hus, sont une secte religieuse de Moravie et de Bohême du XVᵉ et du XVIᵉ siècle. Les Vaudois sont également une secte hérétique du XIIᵉ siècle.

2. La reine Marie, ou Marie Iʳᵉ Tudor, appelée aussi Marie la Catholique, ou encore Marie la Sanglante (1516-1558), est célèbre pour avoir persécuté les protestants ; tout au contraire, la reine Elizabeth (1533-1603), est connue pour avoir réinstallé dans ses droits l'Église anglicane et avoir persécuté les catholiques.

sant pour être efficacement persécutés. Le christianisme aurait pu être extirpé de l'empire romain : aucun homme raisonnable n'en peut douter. Il ne se répandit et ne s'imposa que parce que les persécutions demeurèrent sporadiques, de courte durée et séparées par de longs intervalles de propagande presque libre. C'est pure sensiblerie de croire que la vérité, la vérité la plus pure — et non l'erreur — porte en elle ce pouvoir de passer outre le cachot et le bûcher. Souvent les hommes ne sont pas plus zélés pour la vérité que pour l'erreur ; et une application suffisante de peines légales ou même sociales réussit le plus souvent à arrêter la propagation de l'une et l'autre. Le principal avantage de la vérité consiste en ce que lorsqu'une opinion est vraie, on a beau l'étouffer une fois, deux fois et plus encore, elle finit toujours par réapparaître dans le corps de l'histoire pour s'implanter définitivement à une époque où, par suite de circonstances favorables, elle échappe à la persécution assez longtemps pour être en mesure de faire front devant les tentatives de répression ultérieures.

On nous dira qu'aujourd'hui, nous ne mettons plus à mort ceux qui introduisent des opinions nouvelles. Contrairement à nos pères, nous ne massacrons pas les prophètes : nous leur élevons des sépulcres. Il est vrai, nous ne mettons plus à mort les hérétiques, et les sanctions pénales que nous tolérons aujourd'hui, même contre les opinions les plus odieuses, ne suffiraient pas à les extirper. Mais ne nous flattons pas encore d'avoir échappé à la honte de la persécution légale. Le délit d'opinion — ou tout du moins de son expression — existe encore, et les exemples en sont encore assez nombreux pour ne pas exclure qu'ils reviennent un jour en force. En 1857, aux assises d'été du comté de Cornouailles, un malheureux*, connu pour sa conduite

---

* Thomas Pooley, assises de Bodmin, 31 juillet 1857 : au mois de décembre suivant, il reçut un *libre pardon* de la Couronne.

irréprochable à tous égards, fut condamné à vingt et un mois d'emprisonnement pour avoir dit et écrit sur une porte quelques mots offensants à l'égard du christianisme. À peine un mois plus tard, à l'Old Bailey, deux personnes, à deux occasions distinctes, furent refusées comme jurés *, et l'une d'elles fut grossièrement insultée par le juge et l'un des avocats, parce qu'elles avaient déclaré honnêtement n'avoir aucune croyance religieuse. Pour la même raison, une troisième personne, un étranger victime d'un vol ** se vit refuser justice. Ce refus de réparation fut établi en vertu de la doctrine légale selon laquelle une personne qui ne croit pas en Dieu (peu importe le dieu) et en une vie future ne peut être admise à témoigner au tribunal ; ce qui équivaut à déclarer ces personnes hors-la-loi, exclues de la protection des tribunaux ; non seulement elles peuvent être impunément l'objet de vols ou de voies de fait si elles n'ont d'autres témoins qu'elles-mêmes ou des gens de leur opinion, mais encore n'importe qui peut subir ces attentats impunément si la preuve du fait dépend de leur témoignage. Le présupposé à l'origine de cette loi est que le serment d'une personne qui ne croit pas en une vie future est sans valeur, proposition qui révèle chez ceux qui l'admettent une grande ignorance de l'histoire (puisqu'il est historiquement vrai que la plupart des infidèles de toutes les époques étaient des gens dotés d'un sens de l'honneur et d'une intégrité remarquables) ; et pour soutenir une telle opinion, il faudrait ne pas soupçonner combien de personnes réputées dans le monde tant pour leurs vertus que leurs talents sont bien connus, de leurs amis intimes du moins, pour être des incroyants. D'ailleurs cette règle se détruit d'elle-même en

---

* George-Jacob Holyake, 17 août 1857 ; Edward Truelove, juillet 1857.

** Baron de Gleichen, cour de police de Marlborough Street, 4 août 1857.

se coupant de ce qui la fonde. Sous prétexte que les athées sont des menteurs, elle incite tous les athées à mentir et ne rejette que ceux qui bravent la honte de confesser publiquement une opinion détestée plutôt que de soutenir un mensonge. Une règle qui se condamne ainsi à l'absurdité eu égard à son but avoué ne peut être maintenue en vigueur que comme une marque de haine, comme un vestige de persécution — persécution dont la particularité est de n'être infligée ici qu'à ceux qui ont prouvé ne pas la mériter. Cette règle et la théorie qu'elle implique ne sont guère moins insultantes pour les croyants que pour les infidèles. Car si celui qui ne croit pas en une vie future est nécessairement un menteur, il s'ensuit que seule la crainte de l'enfer empêche, si tant est qu'elle empêche quoi que ce soit, ceux qui y croient de mentir. Nous ne ferons pas aux auteurs et aux complices de cette règle l'injure de supposer que l'idée qu'ils se sont formée de la vertu chrétienne est le fruit de leur propre conscience.

À la vérité, ce ne sont là que des lambeaux et des restes de persécution [1] que l'on peut considérer non pas tant comme l'indication de la volonté de persécuter, mais comme une manifestation de cette infirmité très fréquente chez les esprits anglais de prendre un plaisir absurde à affirmer un mauvais principe alors qu'ils ne sont plus eux-mêmes assez mauvais pour désirer réellement le mettre en pratique. Avec cette mentalité, il n'y a malheureusement aucune assurance que la suspension des plus odieuses formes de persécution légale, qui s'est affirmée l'espace d'une génération, continuera. À notre époque, la surface paisible de la routine est fréquemment troublée à la fois par des tentatives de ressusciter des maux passés que d'introduire de nouveaux biens. Ce qu'on vante à présent comme

---

1. Le texte anglais parle de *rags and remnants of persecution* (voir «Les mots du texte», p. 96-97).

la renaissance de la religion correspond toujours dans les esprits étroits et incultes à la renaissance de la bigoterie; et lorsqu'il couve dans les sentiments d'un peuple ce puissant levain d'intolérance, qui subsiste dans les classes moyennes de ce pays, il faut bien peu de choses pour les pousser à persécuter activement ceux qu'il n'a jamais cessés de juger dignes de persécution*. C'est bien cela — les opinions que cultivent les hommes et les sentiments qu'ils nourrissent à l'égard de ceux qui s'opposent aux croyances qu'ils estiment importantes — qui empêche ce pays de devenir un lieu de liberté pour l'esprit. Depuis longtemps

---

* Il faut voir un avertissement sérieux dans le déchaînement de passions persécutrices qui s'est mêlé, lors de la révolte des Cipayes[1], à l'expression générale des pires aspects de notre caractère national. Les délires furieux que des fanatiques ou des charlatans proféraient du haut de leurs chaires ne sont peut-être pas dignes d'être relevés; mais les chefs du parti évangélique ont posé pour principe de gouvernement des Hindous et des Musulmans de ne financer par les deniers publics que les écoles dans lesquelles on enseigne la Bible, et de n'attribuer par conséquent les postes de fonctionnaires qu'à des chrétiens réels ou prétendus tels. Un sous-secrétaire d'État, dans un discours à ses électeurs le 12 novembre 1857, aurait déclaré : « Le gouvernement britannique, en tolérant leur foi » (la foi de cent millions de sujets britanniques), « n'a obtenu d'autres résultats que freiner la suprématie du nom anglais et d'empêcher le développement salutaire du christianisme. (…) La tolérance est la grande pierre angulaire de ce pays; mais ne les laissez pas abuser de ce mot précieux de tolérance. » Comme l'entendait le sous-secrétaire d'État, elle signifiait liberté complète, la liberté de culte pour tous *parmi les chrétiens qui célébraient leur culte sur de mêmes bases.* Elle signifiait la tolérance de toutes les sectes et confessions de *chrétiens croyant en la seule et unique médiation.* Je souhaite attirer l'attention sur le fait qu'un homme qui a été jugé apte à remplir une haute fonction dans le gouvernement de ce pays, sous un ministère libéral, défend là la doctrine selon laquelle tous ceux qui ne croient pas en la divinité du Christ sont hors des bornes de la tolérance. Qui, après cette démonstration imbécile, peut s'abandonner à l'illusion que les persécutions religieuses sont révolues ?

1. La révolte des Cipayes intervient en 1857. Les Cipayes sont les soldats indigènes que les Britanniques avaient recrutés en Inde. Leur insurrection fut écrasée en 1858.

déjà, le principal méfait des sanctions légales est de renforcer le stigmate social. Et ce stigmate est particulièrement
virulent en Angleterre où l'on professe bien moins fréquemment des opinions mises au ban de la société que dans
d'autres pays où l'on avoue des opinions entraînant des
punitions judiciaires. Pour tout le monde, excepté ceux que
leur fortune ne rend pas dépendants de la bonne volonté
des autres, l'opinion est sur ce point aussi efficace que la
loi : il revient au même que les hommes soient emprison-
nés qu'empêchés de gagner leur pain. Ceux dont le pain est
déjà assuré et qui n'attendent la faveur ni des hommes au
pouvoir, ni d'aucun corps, ni du public, ceux-là n'ont rien à
craindre en avouant franchement n'importe quelle opinion
si ce n'est le mépris ou la calomnie, et, pour supporter cela,
point n'est besoin d'un grand héroïsme. Il n'y a pas lieu d'en
appeler *ad misericordiam* [1] en faveur de telles personnes.
Mais, bien que nous n'infligions plus tant de maux qu'autrefois à ceux qui pensent différemment de nous, nous nous
faisons peut-être toujours autant de mal. Socrate fut mis à
mort, mais sa philosophie s'éleva comme le soleil dans le
ciel et répandit sa lumière sur tout le firmament intellectuel. Les chrétiens furent jetés aux lions, mais l'Église chrétienne devint un arbre imposant et large, dépassant les plus
vieux et les moins vigoureux et les étouffant de son ombre.
Notre intolérance, purement sociale, ne tue personne, n'extirpe aucune opinion, mais elle incite les hommes à déguiser les leurs et à ne rien entreprendre pour les diffuser.
Aujourd'hui, les opinions hérétiques ne gagnent ni même ne
perdent grand terrain d'une décade ou d'une génération à
l'autre ; mais jamais elles ne brillent d'un vif éclat et perdu-
rent dans le cercle étroit de penseurs et de savants où elles
ont pris naissance, et cela sans jamais jeter sur les affaires
générales de l'humanité une lumière qui s'avérerait plus tard

---

1. L'expression signifie en appeler à la miséricorde.

vraie ou trompeuse. C'est ainsi que se perpétue un état de choses très satisfaisant pour certains esprits, parce qu'il maintient toutes les opinions dominantes dans un calme apparent, sans avoir le souci de mettre quiconque à l'amende ou au cachot et sans interdire absolument l'exercice de la raison aux dissidents affligés de la maladie de penser. C'est là un plan fort commode pour maintenir la paix dans le monde intellectuel et pour laisser les choses suivre leur cours habituel. Mais le prix de cette sorte de pacification intellectuelle est le sacrifice de tout le courage moral de l'esprit humain. Un état de chose, où les plus actifs et les plus curieux des esprits jugent prudent de garder pour eux les principes généraux de leurs convictions, et où ils s'efforcent en public d'adapter autant que faire se peut leurs propres conclusions à des prémisses qu'ils nient intérieurement, un tel système cesse de produire ces caractères francs et hardis, ces intelligences logiques et cohérentes qui ornaient autrefois le monde de la pensée. Le genre d'hommes qu'engendre un tel système est soit de purs esclaves du lieu commun, soit des opportunistes de la vérité dont les arguments sur tous les grands sujets s'adaptent en fonction de leurs auditeurs et ne sont pas ceux qui les ont convaincus eux-mêmes. Ceux qui évitent cette alternative y parviennent en limitant leur champ de pensée et d'intérêt aux choses dont on peut parler sans s'aventurer sur le terrain des principes ; c'est-à-dire un petit nombre de problèmes pratiques qui se résoudraient d'eux-mêmes si seulement les esprits se raffermissaient et s'élargissaient, mais qui resteront sans solution tant qu'est laissé à l'abandon ce qui renforce et ouvre l'esprit humain aux spéculations libres et audacieuses sur les sujets les plus élevés.

Les hommes qui ne jugent pas mauvaise cette réserve des hérétiques devraient d'abord considérer qu'un tel silence revient à ce que les opinions hérétiques ne fassent jamais l'objet d'une réflexion franche et approfondie, de sorte que celles d'entre elles qui ne résisteraient pas à une pareille discussion ne disparaissent pas, même si par ailleurs on les empêche de se répandre. Mais ce n'est pas à l'esprit hérétique que nuit le plus la mise au ban de toutes les recherches dont les conclusions ne seraient pas conformes à l'orthodoxie. Ceux qui en souffrent davantage sont les bien-pensants, dont tout le développement intellectuel est entravé et dont la raison est soumise à la crainte de l'hérésie. Qui peut calculer ce que perd le monde dans cette multitude d'intelligences prometteuses doublées d'un caractère timide qui n'osent pas mener à terme un enchaînement d'idées hardi, vigoureux et indépendant de peur d'aboutir à une conclusion jugée irréligieuse ou immorale ? Parmi eux, il est parfois des hommes d'une grande droiture, à l'esprit subtil et raffiné, qui passent leur vie à ruser avec une intelligence qu'ils ne peuvent réduire au silence, épuisant ainsi leurs ressources d'ingéniosité à s'efforcer de réconcilier les exigences de leur conscience et de leur raison avec l'orthodoxie, sans forcément toujours y parvenir. Il est impossible d'être un grand penseur sans reconnaître que son premier devoir est de suivre son intelligence, quelle que soit la conclusion à laquelle elle peut mener. La vérité bénéficie encore plus des erreurs d'un homme qui, après les études et la préparation nécessaire, pense par lui-même, que des opinions vraies de ceux qui les détiennent uniquement parce qu'ils s'interdisent de penser. Non pas que la liberté de penser soit exclusivement nécessaire aux grands penseurs. Au contraire, elle est aussi indispensable — sinon plus indispensable — à l'homme du commun pour lui permettre d'atteindre la stature intellectuelle dont il est capable. Il y a eu, et il y aura encore peut-être, de grands penseurs individuels dans une atmosphère générale d'esclavage intellectuel. Mais il n'y a jamais eu et il n'y aura jamais dans une telle atmosphère de peuple intellectuellement actif. Quand un peuple accédait temporairement à cette activité, c'est que la crainte des spéculations hétérodoxes était pour un temps suspendue. Là où il existe une entente tacite de ne pas remettre en question les principes, là où la discussion des questions fondamentales qui préoccupent l'humanité est estimée close, on ne peut espérer trouver cette activité intellectuelle de grande envergure qui a rendu si remarquables certaines périodes de l'histoire. Lorsque la controverse évite les sujets assez fondamentaux pour enflammer l'enthousiasme, jamais on ne voit l'esprit d'un peuple se dégager de ses principes fondamentaux, jamais il ne reçoit l'impulsion qui élève même les gens d'une intelligence moyenne à la dignité d'êtres pensants. L'Europe a connu de telles périodes d'émulation intellectuelle : la première, immédiatement après la Réforme ; une autre, quoique limitée au Continent et à la classe la plus cultivée, lors du mouvement spéculatif de la dernière moitié du XVIIIe siècle ; et une troisième plus brève encore, lors de la fermentation intellectuelle de l'Allemagne au temps de Goethe et de Fichte. Ces trois périodes diffèrent grandement quant aux opinions particulières qu'elles développèrent, mais elles se ressemblent en ce que tout le temps de leur durée le joug de l'autorité fut brisé. Dans les trois cas, un ancien despotisme intellectuel fut détrôné, sans qu'un autre ne soit venu le remplacer [1]. L'impulsion donnée par chacune de ces trois périodes a fait de l'Europe ce qu'elle est aujourd'hui. Le moindre progrès qui s'est produit, dans l'esprit ou dans les institutions humaines, remonte manifestement à l'une ou l'autre de ces périodes. Tout indique depuis quelque temps que ces trois impulsions sont pour ainsi dire épuisées ; et

---

1. Allusion à la théorie de l'histoire d'Auguste Comte et de l'école de Saint-Simon. Mill considère que la période qui débute avec la Réforme, et qui est toujours en cours lorsqu'il écrit son texte, est une période critique (voir « Trois questions posées au texte », p. 139-140).

nous ne prendrons pas de nouveau départ avant d'avoir réaffirmé la liberté de nos esprits.

Passons maintenant à la deuxième branche de notre argument et, abandonnant l'hypothèse que les opinions reçues puissent être fausses, admettons qu'elles soient vraies et examinons ce que vaut la manière dont on pourra les soutenir là où leur vérité n'est pas librement et ouvertement débattue. Quelque peu disposé qu'on soit à admettre la possibilité qu'une opinion à laquelle on est fortement attaché puisse être fausse, on devrait être touché par l'idée que, si vraie que soit cette opinion, on la considérera comme un dogme mort et non comme une vérité vivante, si on ne la remet pas entièrement, fréquemment, et hardiment en question [1].

Il y a une classe de gens (heureusement moins nombreuse qu'autrefois) qui estiment suffisant que quelqu'un adhère aveuglément à une opinion qu'ils croient vraie sans même connaître ses fondements et sans même pouvoir la défendre contre les objections les plus superficielles. Quand de telles personnes parviennent à faire enseigner leur croyance par l'autorité, elles pensent naturellement que si l'on en permettait la discussion, il n'en résulterait que du mal. Là où domine leur influence, elles rendent presque impossible de repousser l'opinion reçue avec sagesse et réflexion, bien qu'on puisse toujours la rejeter inconsidérément et par ignorance ; car il est rarement possible d'exclure complètement la discussion, et aussitôt qu'elle reprend, les croyances qui ne sont pas fondées sur une conviction réelle cèdent facilement dès que surgit le moindre semblant d'argument. Maintenant, écartons cette possibilité et admettons que l'opinion vraie reste présente dans l'esprit, mais à l'état de préjugé, de croyance indépendante de l'argument et de

---

1. Mill aborde la deuxième branche de son long argument : l'opinion reçue, ou en vigueur, est, à présent, porteuse de la vérité.

preuve contre ce dernier : ce n'est pas encore là la façon dont un être raisonnable devrait détenir la vérité. Ce n'est pas encore connaître la vérité. Cette conception de la vérité n'est qu'une superstition de plus qui s'accroche par hasard aux mots qui énoncent une vérité[1].

Si l'intelligence et le jugement des hommes doivent être cultivés — ce que les protestants au moins ne contestent pas[2] —, sur quoi ces facultés pourront-elles le mieux s'exercer si ce n'est sur les choses qui concernent chacun au point qu'on juge nécessaire pour lui d'avoir des opinions à leur sujet ? Si l'entretien de l'intelligence a bien une priorité, c'est bien de prendre conscience des fondements de nos opinions personnelles. Quoi que l'on pense sur les sujets où il est primordial de penser juste, on devrait au moins être capable de défendre ses idées contre les objections ordinaires. Mais, nous rétorquera-t-on : « Qu'on *enseigne* donc aux hommes les fondements de leurs opinions ! Ce n'est pas parce qu'on n'a jamais entendu contester des opinions qu'on doit se contenter de les répéter comme un perroquet. Ceux qui étudient la géométrie ne se contentent pas de mémoriser les théorèmes, mais ils les comprennent et en apprennent également les démonstrations : aussi serait-il absurde de prétendre qu'ils demeurent ignorants des fondements des vérités géométriques sous prétexte qu'ils n'entendent jamais qui que ce soit les rejeter et s'efforcer de les réfuter. » Sans doute. Mais un tel enseignement suffit pour une matière comme les mathématiques, où la contestation est impossible. L'évidence des vérités mathématiques a ceci de singulier que tous les arguments sont du même côté. Il n'y a ni objection ni réponses aux objections.

---

1. Le texte insiste sur la transformation de l'opinion vraie en simple préjugé si elle se trouve coupée de toute discussion libre et contradictoire.

2. Le protestantisme favorise de la part du croyant une démarche visant à développer le jugement personnel.

Mais sur tous sujets où la différence d'opinion est possible, la vérité dépend d'un équilibre à établir entre deux groupes d'arguments contradictoires. Même en philosophie naturelle, il y a toujours une autre explication possible des mêmes faits : une théorie géocentrique au lieu de l'héliocentrique, le phlogistique [1] au lieu de l'oxygène ; et il faut montrer pourquoi cette autre théorie ne peut pas être la vraie ; et avant de savoir le démontrer, nous ne comprenons pas les fondements de notre opinion. Mais si nous nous tournons vers des sujets infiniment plus compliqués, vers la morale, la religion, la politique, les relations sociales et les affaires de la vie, les trois quarts des arguments pour chaque opinion contestée consistent à dissiper les aspects favorables de l'opinion opposée. L'un des plus grands orateurs de l'Antiquité rapporte qu'il étudiait toujours la cause de son adversaire avec autant, sinon davantage, d'attention que la sienne propre. Ce que Cicéron [2] faisait en vue du succès au barreau doit être imité par tous ceux qui se penchent sur un sujet afin d'arriver à la vérité. Celui qui ne connaît que ses propres arguments connaît mal sa cause. Il se peut que ses raisons soient bonnes et que personne n'ait été capable de les réfuter. Mais s'il est tout aussi incapable de réfuter les raisons du parti adverse, s'il ne les connaît même pas, rien ne le fonde à préférer une opinion à l'autre. Le seul choix raisonnable pour lui serait de suspendre son jugement, et faute de savoir se contenter de cette position, soit il se laisse conduire par l'autorité, soit il adopte, comme on le fait en général, le parti pour lequel il se sent le plus d'inclination. Mais il ne suffit pas non plus d'entendre les arguments des adversaires tels que les exposent ses propres

---

1. Le phlogistique est une pseudo-théorie scientifique concernant la combustion, qui sera battue en brèche par Lavoisier au XVIIIᵉ siècle.
2. Cicéron (106-43 av. J.-C.) est un homme d'État romain qui fut surtout un célèbre orateur.

maîtres, c'est-à-dire à leur façon et accompagnés de leurs
réfutations. Telle n'est pas la façon de rendre justice à ces
arguments ou d'y mesurer véritablement son esprit. Il faut
pouvoir les entendre de la bouche même de ceux qui y
croient, qui les défendent de bonne foi et de leur mieux. Il
faut les connaître sous leur forme la plus plausible et la plus
persuasive : il faut sentir toute la force de la difficulté que
la bonne approche du sujet doit affronter et résoudre[1].
Autrement, jamais on ne possédera cette partie de vérité
qui est seule capable de rencontrer et de supprimer la difficulté. C'est pourtant le cas de quatre-vingt-dix-neuf pour
cent des hommes dits cultivés, même de ceux qui sont
capables d'exposer leurs opinions avec aisance. Leur conclusion peut être vraie, mais elle pourrait être fausse sans qu'ils
s'en doutassent : jamais ils ne se sont mis à la place de ceux
qui pensent différemment, jamais ils n'ont prêté attention à
ce que ces personnes avaient à dire. Par conséquent, ils ne
connaissent pas, à proprement parler, la doctrine qu'ils professent. Ils ne connaissent pas ces points fondamentaux de
leur doctrine qui en expliquent et justifient le reste, ces
considérations qui montrent que deux faits, en apparence
contradictoires, sont réconciliables, ou que de deux raisons
apparemment fortes, l'une doit être préférée à l'autre. De
tels hommes demeurent étrangers à tout ce pan de la vérité
qui décide du jugement d'un esprit parfaitement éclairé. Du
reste, seuls le connaissent ceux qui ont également et impartialement fréquenté les deux partis et qui se sont attachés
respectivement à envisager leurs raisons sous leur forme la
plus convaincante. Cette discipline est si essentielle à une
véritable compréhension des sujets moraux ou humains
que, s'il n'y a pas d'adversaires pour toutes les vérités

---

1. La vérité (mais aussi, implicitement, le sens) d'une opinion est
suspendue à la possibilité de discuter ladite opinion avec quelqu'un
qui défend sincèrement et rigoureusement un point de vue adverse.

importantes, il est indispensable d'en imaginer et de leur fournir les arguments les plus forts que puisse invoquer le plus habile avocat du diable[1].

Pour diminuer la force de ces considérations, supposons qu'un ennemi de la libre discussion rétorque qu'il n'est pas nécessaire que l'humanité tout entière connaisse et comprenne tout ce qui peut être avancé pour ou contre ses opinions par des philosophes ou des théologiens ; qu'il n'est pas indispensable pour le commun des hommes de pouvoir exposer toutes les erreurs et les sophismes d'un habile adversaire ; qu'il suffit qu'il y ait toujours quelqu'un capable d'y répondre, afin qu'aucun sophisme propre à tromper les personnes sans instruction ne reste pas sans réfutation et que les esprits simples, une fois qu'ils connaissent les principes évidents des vérités qu'on leur a inculquées, puissent s'en remettre à l'autorité pour le reste ; que, bien conscients qu'ils n'ont pas la science et le talent nécessaires pour résoudre toutes les difficultés susceptibles d'être soulevées, ils peuvent avoir l'assurance que toutes celles qu'on a soulevées ont reçu une réponse ou peuvent en recevoir un de ceux qui sont spécialement entraînés à cette tâche.

Même en concédant à ce point de vue tout ce que peuvent réclamer en sa faveur ceux qui se satisfont le plus facilement d'une compréhension imparfaite de la vérité, les arguments les plus convaincants en faveur de la libre discussion n'en sont nullement affaiblis ; car même cette doctrine reconnaît que l'humanité devrait avoir l'assurance que toutes les objections ont reçu une réponse satisfaisante. Or, comment peut-on y répondre si ce qui demande réponse n'est pas exprimé ? Comment savoir si la réponse est satis-

---

1. On retrouve la figure de l'avocat du diable. En l'absence de tout contradicteur effectif, il faut faire comme si l'opinion en vigueur se trouvait affrontée à une ou plusieurs opinions adverses. Il faut, pour ainsi dire, susciter et organiser délibérément la discussion contradictoire.

faisante si les objecteurs n'ont pas la possibilité de montrer qu'elle ne l'est pas ? Si le public en est empêché, il faut au moins que les philosophes et les théologiens puissent résoudre ces difficultés, se familiariser avec celles-ci sous leur forme la plus déconcertante ; pour cela, ils ne peuvent y parvenir que si elles sont présentées sous leur jour le plus avantageux. L'Église catholique traite à sa façon ce problème embarrassant. Elle sépare nettement entre ceux qui ont le droit de se convaincre des doctrines et ceux qui doivent les accepter sans examen. À la vérité, elle ne permet à aucun des deux groupes de choisir ce qu'ils veulent ou non accepter ; mais pour le clergé — ou du moins ceux de ses membres en qui on peut avoir confiance —, il est non seulement permis, mais méritoire de se familiariser avec les arguments des adversaires afin d'y répondre ; il peut par conséquent lire les livres hérétiques ; tandis que les laïques ne le peuvent pas sans une permission spéciale difficile à obtenir. Cette discipline juge bénéfique que les professeurs connaissent la cause adverse, mais trouve les moyens appropriés de la refuser aux autres, accordant ainsi à l'*élite* une plus grande culture, sinon une plus grande liberté d'esprit, qu'à la masse. C'est par ce procédé qu'elle réussit à obtenir la sorte de liberté intellectuelle qu'exige son but ; car bien qu'une culture sans liberté n'ait jamais engendré d'esprit vaste et libéral, elle peut néanmoins produire un habile avocat d'une cause[1]. Mais ce recours est exclu dans les pays professant le protestantisme, puisque les protestants soutiennent, du moins en théorie, que la responsabi-

---

1. L'Église ne peut, au mieux, en réservant l'accès des livres hérétiques à l'élite du clergé catholique, que former des défenseurs habiles d'une cause ou doctrine. Plus largement, Mill considère que seule la pratique exigeante et largement étendue de la libre discussion peut éviter qu'advienne une opinion publique intolérante, ou bien encore la manipulation du grand nombre par quelques hommes habiles et flatteurs.

lité de choisir sa propre religion incombe à chacun et qu'on ne peut s'en décharger sur ses maîtres. D'ailleurs, dans l'état actuel du monde, il est pratiquement impossible que les ouvrages lus par les gens instruits demeurent hors d'atteinte des incultes. S'il faut que les maîtres de l'humanité aient connaissance de tout ce qu'ils devraient savoir, il faut avoir l'entière liberté d'écrire et de publier.

Cependant, si l'absence de libre discussion ne causait d'autre mal — lorsque les opinions reçues sont vraies — que de laisser les hommes dans l'ignorance des principes de ces opinions, on pourrait penser qu'il s'agit là non d'un préjudice moral, mais d'un préjudice simplement intellectuel, n'affectant nullement la valeur des opinions quant à leur influence sur le caractère. Le fait est pourtant que l'absence de discussion fait oublier non seulement les principes, mais trop souvent aussi le sens même de l'opinion. Les mots qui l'expriment cessent de suggérer des idées ou ne suggèrent plus qu'une mince partie de celles qu'ils servaient à rendre originairement. Au lieu d'une conception forte et d'une foi vivante, il ne reste plus que quelques phrases apprises par cœur ; ou si l'on garde quelque chose du sens, ce n'en est plus que l'enveloppe : l'essence la plus subtile est perdue. Ce fait, qui occupe et remplit un grand chapitre de l'histoire, ne saurait être trop étudié et médité.

Il est présent dans l'expérience de presque toutes les doctrines morales et croyances religieuses. Elles sont pleines de sens et de vitalité pour leurs initiateurs et leurs premiers disciples. Leur sens demeure aussi fort — peut-être même devient-il plus pleinement conscient — tant qu'on lutte pour donner à la doctrine ou la croyance un ascendant sur toutes les autres. À la fin, soit elle s'impose et devient l'opinion générale, soit son progrès s'arrête ; elle conserve le terrain conquis, mais cesse de s'étendre. Quand l'un ou l'autre de ces résultats devient manifeste, la controverse sur le sujet faiblit et s'éteint graduellement. La doctrine a trouvé sa place, sinon comme l'opinion reçue, du moins comme l'une des sectes ou divisions admises de l'opinion ; ses détenteurs l'ont généralement héritée, ils ne l'ont pas adoptée ; c'est ainsi que les conversions de l'une à l'autre de ces doctrines deviennent un fait exceptionnel et que leurs partisans finissent par ne plus se préoccuper de convertir. Au lieu de se tenir comme au début constamment sur le qui-vive, soit pour se défendre contre le monde, soit pour le conquérir, ils tombent dans l'inertie, n'écoutent plus que rarement les arguments avancés contre leur credo et cessent d'ennuyer leurs adversaires (s'il y en a) avec des arguments en sa faveur. C'est à ce point qu'on date habituellement le déclin de la vitalité d'une doctrine. On entend souvent les catéchistes de toutes croyances se plaindre de la difficulté d'entretenir dans l'esprit des croyants une perception vive de la vérité qu'ils reconnaissent nominalement afin qu'elle imprègne leurs sentiments et acquière une influence réelle sur leur conduite. On ne rencontre pas une telle difficulté tant que la croyance lutte encore pour s'établir ; alors, même les combattants les plus faibles savent et sentent pourquoi ils luttent et connaissent la différence entre leur doctrine et les autres. C'est à ce moment de l'existence de toute croyance qu'on rencontre nombre de personnes qui ont assimilé ses principes fondamentaux sous toutes les formes de la pensée, qui les ont pesés et considérés sous tous leurs aspects importants, et qui ont pleinement ressenti sur leur caractère l'effet que cette croyance devrait produire sur un esprit qui en est totalement pénétré. Mais une fois la croyance devenue héréditaire — une fois qu'elle est admise passivement et non plus activement, une fois que l'esprit ne se sent plus autant contraint de concentrer toutes ses facultés sur les questions qu'elle lui pose — on tend à tout oublier de cette croyance pour ne plus en retenir que des formules ou ne plus lui accorder qu'un mol et torpide assentiment, comme si le fait d'y croire dispensait de la nécessité d'en prendre clairement conscience ou de l'appliquer dans sa vie : c'est ainsi qu'une croyance finit par ne plus se rattacher du tout à la vie intérieure de l'être humain. Alors apparaissent ces cas — si fréquents aujourd'hui qu'ils sont presque la majorité — où la croyance semble demeurer hors de l'esprit, désormais encroûté et pétrifié contre toutes les autres influences destinées aux parties les plus nobles de notre nature, figement qui se manifeste par une allergie à toute conviction nouvelle et vivante et qui joue le rôle de sentinelle afin de maintenir vides l'esprit et le cœur.

On voit à quel point les doctrines susceptibles en elles-mêmes de produire la plus profonde impression sur l'esprit peuvent y résider à l'état de croyances mortes, et cela sans jamais nourrir ni l'imagination, ni les sentiments, ni l'intelligence, lorsqu'on voit comment la majorité des croyants professent le christianisme. Par christianisme, j'entends ici ce que tiennent pour tel toutes les Églises et sectes : les maximes et les préceptes contenus dans le Nouveau Testament. Tous ceux qui se prétendent chrétiens les tiennent pour sacrés et les acceptent comme lois. Et pourtant on peut dire que moins d'un chrétien sur mille guide ou juge sa conduite individuelle d'après ces lois. Le modèle auquel on se réfère est la coutume de son pays, de sa classe ou de sa secte religieuse. Le chrétien croit donc qu'il existe d'un côté une collection de maximes éthiques que la sagesse infaillible, selon lui, a daigné lui transmettre comme règle de conduite, et de l'autre un ensemble de jugements et de pratiques habituels — qui s'accordent assez bien avec certaines de ces maximes, moins bien avec d'autres, ou qui s'opposent directement à d'autres encore — lesquels constituent en somme un compromis entre la foi chrétienne et les intérêts et les suggestions de la vie matérielle. Au premier de ces modèles le chrétien donne son hommage ; au deuxième, son obéissance effective. Tous les chrétiens croient que bienheureux sont

les pauvres, les humbles et tous ceux que le monde mal-
traite ; qu'il est plus facile à un chameau de passer par le chas
d'une aiguille qu'à un riche d'entrer au royaume des cieux ;
qu'ils ne doivent pas juger de peur d'être jugés eux-mêmes ;
qu'ils ne doivent pas jurer ; qu'ils doivent aimer leur prochain
comme eux-mêmes ; que si quelqu'un prend leur manteau,
ils doivent lui donner aussi leur tunique ; qu'ils ne doivent pas
penser au lendemain ; que pour être parfaits, ils doivent
vendre tout ce qu'ils ont et le donner aux pauvres. Ils ne
mentent pas quand ils disent qu'ils croient ces choses-là, ils
les croient comme les gens croient ce qu'ils ont toujours
entendu louer, mais jamais discuter. Mais, dans le sens de
cette croyance vivante qui règle la conduite, ils croient en
ces doctrines uniquement dans la mesure où l'on a coutume
d'agir d'après elles. Dans leur intégrité, les doctrines servent
à accabler les adversaires ; et il est entendu qu'on doit les
mettre en avant (si possible) pour justifier tout ce qu'on
estime louable. Mais s'il y avait quelqu'un pour leur rappeler
que ces maximes exigent une foule de choses qu'ils n'ont
jamais l'intention de faire, il n'y gagnerait que d'être classé
parmi ces personnages impopulaires qui affectent d'être
meilleurs que les autres. Les doctrines n'ont aucune prise sur
les croyants ordinaires, aucun pouvoir sur leurs esprits. Par
habitude, ils en respectent les formules, mais pour eux, les
mots sont dépourvus de sens et ne suscitent aucun sentiment qui force l'esprit à les assimiler et à les rendre
conformes à la formule. Pour savoir quelle conduite adopter, les hommes prennent comme modèle leurs voisins pour
apprendre jusqu'où il faut aller dans l'obéissance du Christ [1].

---

1. Le texte critique violemment les pratiques chrétiennes en
vigueur dans l'Angleterre victorienne. Il met en cause ceux qui pré-
fèrent s'en remettre aux pratiques sociales qui ont cours pour décider de la conduite à tenir plutôt que de faire appel à l'enseignement
du Christ.

Nous pouvons être certains qu'il en allait tout autrement chez les premiers chrétiens. Autrement, jamais le christianisme ne serait passé de l'état de secte obscure d'Hébreux méprisés à la religion officielle de l'Empire romain. Quand leurs ennemis disaient : « Voyez comme ces chrétiens s'aiment les uns les autres » (une remarque que personne ne ferait aujourd'hui), ils avaient assurément un sentiment autrement plus vif qu'aujourd'hui de la signification de leur croyance. Voilà sans doute la raison principale pour laquelle le christianisme fait aussi peu de progrès maintenant et se trouve, après dix-huit siècles, à peu près circonscrit aux Européens et à leurs descendants. Même chez les personnes strictement religieuses, qui prennent leurs doctrines au sérieux et qui y attachent plus de signification qu'on ne le fait en général, il arrive fréquemment que la partie la plus active de leur esprit soit fermée par Calvin ou Knox[1], ou toute autre personnalité d'un caractère apparenté au leur. Les paroles du Christ coexistent passivement dans leur esprit, ne produisant guère d'autre effet que l'audition machinale de paroles si aimables et si douces. Nombre de raisons pourraient sans doute expliquer pourquoi les doctrines servant d'attribut distinctif à une secte conservent mieux leur vitalité que les doctrines communes à toutes les sectes reconnues ; l'une d'elles est que ceux qui les enseignent prennent plus de soin à maintenir vive leur signification. Mais la principale raison, c'est que ces doctrines sont davantage mises en question et doivent plus souvent se défendre contre des adversaires déclarés. Dès qu'il n'y a plus d'ennemi en vue, maîtres et disciples s'endorment à leur poste.

---

1. Calvin (1509-1564) est un théologien français, initiateur avec Luther du mouvement de la Réforme, il est célèbre pour la législation rigoureuse qu'il instaura à Genève ; John Knox (1505-1572) est le fondateur de l'Église presbytérienne et le chef de file de la Réforme en Écosse.

La même chose vaut en général pour toutes les doctrines traditionnelles — dans les domaines de la prudence et de la connaissance de la vie, aussi bien que de la morale et de la religion. Toutes les langues et toutes les littératures abondent en observations générales sur la vie et sur la manière de s'y comporter — observations que chacun connaît, répète ou écoute docilement, qu'on reçoit comme des truismes et dont pourtant on n'apprend en général le vrai sens que lorsque l'expérience souvent pénible les transforme en réalité. Que de fois une personne accablée par un malheur ou une déception ne se rappelle-t-elle pas quelque proverbe ou dicton populaire qu'elle connaît depuis toujours et qui, si elle en avait plus tôt compris la signification, lui aurait épargné cette calamité. En fait, il y a d'autres raisons à cela que l'absence de discussion ; nombreuses sont les vérités dont on ne *peut pas* comprendre tout le sens tant qu'on ne les a pas vécues personnellement. Mais on aurait bien mieux compris la signification de ces vérités, et ce qui en aurait été compris aurait fait sur l'esprit une impression bien plus profonde, si l'on avait eu l'habitude d'entendre des gens qui la comprenaient effectivement discuter le pour et le contre. La tendance fatale de l'espèce humaine à laisser de côté une chose dès qu'il n'y a plus de raison d'en douter est la cause de la moitié de ses erreurs. Un auteur contemporain a bien décrit « le profond sommeil d'une opinion arrêtée [1] ».

« Mais quoi ! » demandera-t-on, « l'absence d'unanimité est-elle une condition indispensable au vrai savoir ? Est-il nécessaire qu'une partie de l'humanité persiste dans l'erreur pour permettre à l'autre de comprendre la vérité ? Une croyance cesse-t-elle d'être vraie et vivante dès qu'elle est généralement acceptée ? Une proposition n'est-elle jamais

---

1. L'auteur de ce mot que cite Mill n'a jamais été, à notre connaissance, identifié.

complètement comprise et éprouvée si l'on ne conserve quelque doute sur son compte? La vérité périt-elle aussitôt que l'humanité l'a unanimement acceptée? N'a-t-on pas pensé jusqu'à présent que le but suprême et le résultat le plus parfait du progrès de l'intelligence étaient d'unir les hommes dans la reconnaissance de toutes les vérités fondamentales? L'intelligence ne dure-t-elle que tant qu'elle n'a pas atteint son but? Les fruits de la conquête meurent-ils avec la plénitude, la victoire?»

Je n'affirme rien de tel. À mesure que l'humanité progressera, le nombre des doctrines qui ne sont plus objet ni de discussion ni de doute ira croissant; et le bien-être de l'humanité pourra presque se mesurer au nombre et à l'importance des vérités arrivées au point de n'être plus contestées. L'abandon progressif des différents points d'une controverse sérieuse est l'un des aléas nécessaires de la consolidation de l'opinion, consolidation aussi salutaire dans le cas d'une opinion juste que dangereuse et nuisible quand les opinions sont erronées. Mais, quoique ce rétrécissement progressif des limites de la diversité d'opinions soit nécessaire dans les deux sens du terme — à la fois inévitable et indispensable —, rien ne nous oblige pour autant à conclure que toutes ses conséquences doivent être bénéfiques. Bien que la perte d'une aide aussi importante que la nécessité d'expliquer ou de défendre une vérité contre des opposants ne puisse se mesurer au bénéfice de sa reconnaissance universelle, elle n'en est pas moins un inconvénient non négligeable. Là où n'existe plus cet avantage, j'avoue que j'aimerais voir les maîtres de l'humanité s'attacher à lui trouver un substitut — un moyen de mettre les difficultés de la question en évidence dans l'esprit de l'élève, tel un fougueux adversaire s'acharnant à le convertir.

Mais au lieu de chercher de tels moyens, ils perdent ceux qu'ils avaient autrefois. La dialectique socratique, si magnifiquement illustrée dans les dialogues de Platon, en était un.

Elle était essentiellement une discussion négative des grandes questions de la philosophie et de la vie visant à convaincre avec un art consommé quiconque s'était contenté d'adopter les lieux communs de l'opinion reçue, qu'il ne comprenait pas le sujet — qu'il n'avait attaché aucun sens défini aux doctrines qu'il professait jusque-là — de sorte qu'en prenant conscience de son ignorance, il fût en mesure de se constituer une croyance stable, reposant sur une perception claire à la fois du sens et de l'évidence des doctrines. Au moyen âge, les disputes scolastiques avaient un but à peu près similaire. Elles servaient à vérifier que l'élève comprenait sa propre opinion et (par une corrélation nécessaire) l'opinion opposée, et qu'il pouvait aussi bien défendre les principes de l'une que réfuter ceux de l'autre. Ces joutes avaient pourtant un défaut irrémédiable : celui de tirer leurs prémisses non de la raison, mais de l'autorité ; c'est pourquoi en tant que discipline de l'esprit, elles étaient en tout point inférieures à la puissante dialectique qui modèle les intelligences des « Socratici viri [1] » ; mais l'esprit moderne doit beaucoup plus à toutes deux qu'il ne veut généralement le reconnaître, et les modes d'éducation actuels n'ont pour ainsi dire rien pour prétendre remplacer l'une ou l'autre. Celui qui tient toute son instruction des professeurs ou des livres n'est nullement contraint d'entendre les deux côtés d'une question, et cela même s'il échappe à la tentation habituelle de se satisfaire de connaître les choses par cœur. C'est pourquoi il est fort rare de bien connaître les deux versants d'un même problème ; c'est ce qu'il y a de plus faible dans ce que l'on dit pour défendre ses opinions qui fait office de réplique à ses adversaires. C'est aujourd'hui la mode de déprécier la

---

1. Les *Socratici viri* sont les disciples de Socrate, les hommes qui se reconnaissent dans la démarche socratique et la reprennent à leur compte.

logique négative [1], celle qui révèle les faiblesses théoriques et les erreurs pratiques, sans établir de vérités positives. Il est vrai qu'une telle critique négative ferait un assez pauvre résultat final ; mais en tant que moyen d'acquérir une connaissance positive ou une conviction digne de ce nom, on ne saurait trop insister sur sa valeur. Et tant que les hommes n'y seront pas de nouveau systématiquement entraînés, il y aura fort peu de grands penseurs, et le niveau moyen d'intelligence dans les domaines de la spéculation autres que les mathématiques et les sciences physiques demeurera très bas. Sur tout autre sujet, aucune opinion ne mérite le nom de connaissance à moins d'avoir suivi, de gré ou de force, la démarche intellectuelle qu'eût exigé de son tenant une controverse active avec des adversaires. On voit donc à quel point il est aussi absurde de renoncer à un avantage indispensable qui s'offre spontanément, alors qu'il est si difficile à créer quand il manque. S'il y a des gens pour contester une opinion reçue ou pour désirer le faire si la loi ou l'opinion publique le leur permet, il faut les en remercier, ouvrir nos esprits à leurs paroles et nous réjouir qu'il y en ait qui fassent pour nous ce que nous devrions prendre davantage la peine de faire, si tant est que la certitude ou la vitalité de nos convictions nous importe.

Il nous reste encore à parler d'une des principales causes qui rendent la diversité d'opinions avantageuse et qui le demeurera tant que l'humanité n'aura pas atteint un niveau de développement intellectuel dont elle semble aujourd'hui

---

1. La « logique négative » désigne la dialectique socratique qui procède à la réfutation de l'opinion avancée par un interlocuteur. Il s'agit d'une démarche dite élenctique car, par un jeu de questions et de réponses, Socrate met au jour une proposition qui contredit la réponse apportée spontanément par son interlocuteur à la question qu'il avait posée au départ. Mill entend réhabiliter cette démarche, surtout dans les domaines qui ne relèvent pas des mathématiques ni de la physique, car elle est utile pour maintenir vivace la libre discussion.

encore à mille lieues. Nous n'avons jusqu'à prése
que deux possibilités : la première, que l'opinion .
être fausse, et une autre, du même coup, vraie ; la deuxième,
que si l'opinion reçue est vraie, c'est que la lutte entre celle-
ci et l'erreur opposée est essentielle à une perception claire
et à un profond sentiment de sa vérité. Mais il arrive plus
souvent encore que les doctrines en conflit, au lieu d'être
l'une vraie et l'autre fausse, se départagent la vérité ; c'est
ainsi que l'opinion non conforme est nécessaire pour fournir le reste de la vérité dont la doctrine reçue n'incarne
qu'une partie [1]. Les opinions populaires sur les sujets qui ne
sont pas à la portée des sens sont souvent vraies, mais
elles ne sont que rarement ou jamais toute la vérité. Elles
sont une partie de la vérité, tantôt plus grande, tantôt
moindre, mais exagérée, déformée et coupée des vérités
qui devraient l'accompagner et la limiter. De l'autre côté,
les opinions hérétiques sont généralement de ces vérités
exclues, négligées qui, brisant leurs chaînes, cherchent soit
à se réconcilier avec la vérité contenue dans l'opinion commune, soit à l'affronter comme ennemie et s'affirment aussi
exclusivement comme l'entière vérité. Ce dernier cas a été
jusqu'à présent le plus fréquent, car l'esprit humain est plus
généralement partial qu'ouvert. De là vient qu'ordinairement, même dans les révolutions de l'opinion, une partie de
la vérité sombre tandis qu'une autre monte à la surface. Le
progrès lui-même, qui devrait être un gain, se contente le
plus souvent de substituer une vérité partielle et incomplète
à une autre. L'amélioration consiste surtout en ceci que le
nouveau fragment de vérité est plus nécessaire, mieux
adapté au besoin du moment que celui qu'il supplante. La
partialité des opinions dominantes est telle que même lors-

---

1. Mill s'attache à débuter l'examen de la troisième branche de
l'argument : l'opinion reçue contient alors un aspect de vérité, sans
contenir, ou sans être en elle-même, toute la vérité.

qu'elle se fonde sur la vérité, toute opinion qui renferme une once de la portion de vérité omise par l'opinion commune devrait être considérée comme précieuse, quelle que soit la somme d'erreur et de confusion mêlée à cette vérité. Aucun juge sensé des affaires humaines ne se sentira forcé de s'indigner parce que ceux qui mettent le doigt sur des vérités que, sans eux, nous eussions contournées, ne négligent à leur tour certaines que nous apercevons. Il pensera plutôt que tant que la vérité populaire sera partiale, il sera encore préférable qu'une vérité impopulaire ait aussi des détenteurs partiaux, parce qu'au moins ils sont plus énergiques et plus aptes à forcer une attention rétive à considérer le fragment de sagesse qu'ils exaltent comme la sagesse tout entière.

C'est ainsi qu'au XVIIIᵉ siècle les paradoxes de Rousseau [1] produisirent un choc salutaire lorsqu'ils explosèrent au milieu de cette société de gens instruits et d'incultes sous leur coupe, éperdus d'admiration devant ce qu'on appelle la civilisation, devant les merveilles de la science, de la littérature, de la philosophie modernes, n'exagérant la différence entre les Anciens et les Modernes que pour y voir leur propre supériorité. Rousseau rendit le service de disloquer la masse de l'opinion partiale et de forcer ses éléments à se reconstituer sous une meilleure forme et avec des ingrédients supplémentaires. Non pas que les opinions admises fussent dans l'ensemble plus éloignées de la vérité que celles de Rousseau ; au contraire, elles en étaient plus proches ; elles contenaient davantage de vérité positive et bien moins d'erreur. Néanmoins, il y avait dans la doctrine de Rousseau un grand nombre de ces vérités qui manquaient précisément à l'opinion populaire, et qui depuis se sont mêlées à son flux : aussi continuèrent-elles à subsister.

---

1. Mill fait référence à la critique par Jean-Jacques Rousseau (1712-1778) de certains aspects de la société de son temps.

Le mérite supérieur de la vie simple, l'effet débilitant et démoralisant des entraves et des hypocrisies d'une société artificielle, sont des idées qui depuis Rousseau n'ont jamais complètement quitté les esprits cultivés ; et elles produiront un jour leur effet, quoique, pour le moment, elles aient encore besoin d'être proclamées haut et fort et d'être traduites ; car sur ce sujet, les mots ont à peu près épuisé toutes leurs forces. Parallèlement, il est reconnu en politique qu'un parti d'ordre ou de stabilité et un parti de progrès ou de réforme sont les deux éléments nécessaires d'une vie politique florissante, jusqu'à ce que l'un ou l'autre ait à ce point élargi son horizon intellectuel qu'il devienne à la fois un parti d'ordre et de progrès, connaissant et distinguant ce qu'il est bon de conserver et ce qu'il faut éliminer. Chacune de ces manières de penser tire son utilité des défauts de l'autre ; mais c'est dans une large mesure leur opposition mutuelle qui les maintient dans les limites de la raison et du bon sens. Si l'on ne peut exprimer avec une égale liberté, soutenir et défendre avec autant de talent que d'énergie toutes les grandes questions de la vie pratique — qu'elles soient favorables à la démocratie ou à l'aristocratie, à la propriété ou à l'égalité, à la coopération ou à la compétition, au luxe ou à l'abstinence, à la sociabilité ou à l'individualisme, à la liberté ou à la discipline —, il n'y a aucune raison que les deux éléments obtiennent leur dû : il est inévitable que l'un des plateaux ne monte au détriment de l'autre. Dans les grandes questions pratiques de la vie, la vérité est surtout affaire de conciliation et de combinaison des extrêmes ; aussi très peu d'esprits sont-ils assez vastes et impartiaux pour réaliser cet accommodement le plus correctement possible, c'est-à-dire brutalement, par une lutte entre des combattants enrôlés sous des bannières opposées. Pour toutes les grandes questions énumérées ci-dessus, si une opinion a davantage de droit que l'autre à être, non seulement tolérée, mais encore encouragée et

st celle qui, à un moment ou dans un lieu
 trouve minoritaire. C'est l'opinion qui, pour l'ins-
 représente les intérêts négligés, l'aspect du bien-être
numain qui court le risque d'obtenir moins que sa part. Je
suis conscient qu'il n'y a dans ce pays aucune intolérance en
matière de différences d'opinions sur la plupart de ces
sujets. Je les ai cités pour montrer, à l'aide d'exemples nombreux et significatifs, l'universalité du fait que, dans l'état
actuel de l'esprit humain, seule la diversité donne une
chance équitable à toutes les facettes de la vérité. Lorsqu'on
trouve des gens qui ne partagent point l'apparente unanimité du monde sur un sujet, il est toujours probable —
même si le monde est dans le vrai — que ces dissidents ont
quelque chose de personnel à dire qui mérite d'être
entendu, et que la vérité perdrait quelque chose à leur
silence.

« Mais », objectera-t-on, « certains des principes généralement admis, spécialement sur les sujets les plus nobles et
les plus vitaux, sont davantage que des demi-vérités. La
morale chrétienne, par exemple, contient toute la vérité sur
ce sujet, et si quelqu'un enseigne une morale différente, il
est complètement dans l'erreur. » Comme il s'agit là d'un
des cas pratiques les plus importants, aucun n'est mieux
approprié pour mettre à l'épreuve la maxime générale. Mais
avant de décider ce que la morale chrétienne est ou n'est
pas, il serait souhaitable de décider ce qu'on entend par
morale chrétienne. Si cela signifie la morale du Nouveau
Testament, je m'étonne que quelqu'un qui tire son savoir
du livre lui-même puisse supposer que cette morale ait été
présentée ou voulue comme une doctrine morale complète.
L'Évangile se réfère toujours à une morale préexistante et
limite ses préceptes aux points particuliers sur lesquels
cette morale devait être corrigée ou remplacée par une
autre morale plus tolérante et plus élevée ; en outre elle
s'exprime toujours en termes généraux, souvent impos-

sibles à interpréter littéralement, sans compter que ces textes possèdent davantage l'onction de la poésie ou de l'éloquence que la précision de la législation. Jamais on n'a pu en extraire un corps de doctrine éthique sans le compléter par des éléments de l'Ancien Testament — système certes élaboré, mais barbare à bien des égards et destiné uniquement à un peuple barbare[1]. Saint Paul — ennemi déclaré de l'interprétation judaïque de la doctrine et de cette façon de compléter l'esquisse de son maître — admet également une morale préexistante, à savoir celle des Grecs et des Romains ; et ce qu'il conseille aux chrétiens dans une large mesure, c'est d'en faire un système d'accommodement, au point de n'accorder qu'un semblant de condamnation à l'esclavage. Ce qu'on appelle la morale chrétienne — mais qu'on devrait plutôt qualifier de théologique — n'est l'œuvre ni du Christ ni des apôtres ; elle est d'une origine plus tardive, puisqu'elle a été élaborée graduellement par l'Église chrétienne des cinq premiers siècles ; et, même si les modernes et les protestants ne l'ont pas adoptée sans réserve, ils l'ont beaucoup moins modifiée qu'on aurait pu s'y attendre. À vrai dire, ils se sont contentés, pour la plupart, de retrancher les additions faites au moyen âge, chaque secte remplissant le vide laissé par de nouvelles additions plus conformes à son caractère et à ses tendances. Je ne prétends nullement nier que l'humanité soit extrêmement redevable envers cette morale et ses premiers maîtres ; mais je me permets de dire qu'elle est, sur nombre de points importants, incomplète et partiale, et que si des idées et des sentiments qu'elle ne sanctionne pas n'avaient pas contribué à la formation du mode de vie et du carac-

---

1. Le texte décrit l'Ancien Testament, qui s'articule aux Évangiles, comme un ensemble moral certes complexe mais peu raffiné ; ce faisant, Mill tend à faire siennes certaines idées du XIXᵉ siècle qui relèvent de l'antijudaïsme.

tère européens, les affaires humaines seraient actuellement
bien pires qu'elles ne le sont. La morale chrétienne, comme
on l'appelle, possède toutes les caractéristiques d'une réaction : c'est en grande partie une protestation contre le paganisme. Son idéal est négatif plus que positif, passif plus
qu'actif ; c'est l'innocence plus que la noblesse, l'abstinence
du mal plus que la quête énergique du bien ; dans ses com-
mandements (comme on l'a justement fait remarquer) le
« tu ne dois pas » prédomine indûment sur le « tu dois ».
Dans son horreur de la sensualité, elle a fait de l'ascétisme
une idole, laquelle est devenue à son tour, à force de compromis, celle de la légalité. Elle tient l'espoir du ciel et la
crainte de l'enfer pour les motifs convenus et appropriés
d'une vie vertueuse — ce en quoi elle reste loin derrière
certains des plus grands sages de l'Antiquité —, et elle fait
tout ce qui est en son pouvoir pour imprimer sur la morale
humaine un caractère essentiellement égoïste, « déconnec-
tant » pour ainsi dire le sens du devoir présent en chaque
homme des intérêts de ses semblables, excepté lorsqu'on
lui suggère un motif intéressé pour les consulter. C'est
essentiellement une doctrine d'obéissance passive ; elle
inculque la soumission à toutes les autorités établies — lesquelles ne sont d'ailleurs pas activement obéies lorsqu'elles
commandent ce que la religion interdit, mais cela sans qu'il
soit pour autant possible de leur résister ou de se révolter
contre elles, quel que soit le tort qu'elles nous fassent. Et,
alors que dans la morale des grandes nations païennes, le
devoir du citoyen envers l'État tient une place disproportionnée et empiète sur la liberté individuelle, cette grande
part de notre devoir est à peine mentionnée ou reconnue
dans la morale chrétienne. C'est dans le Coran, non dans
le Nouveau Testament, que nous trouvons cette maxime :
« Tout gouvernant qui désigne un homme à un poste quand
il existe dans ses territoires un autre homme mieux quali-
fié pour celui-ci pèche contre Dieu et contre l'État. » Le peu

de reconnaissance que reçoit l'idée d'obligation enver[s]
public dans la morale moderne ne nous vient même pas de[s]
chrétiens, mais des Grecs et des Romains. De même, ce
qu'il y a dans la morale privée de magnanimité, de grandeur
d'âme, de dignité personnelle, voire de sens de l'honneur,
ne nous vient pas du versant religieux, mais du versant purement humain de notre éducation ; et jamais ces qualités
n'auraient pu être le fruit d'une doctrine morale qui n'accorde de valeur qu'à l'obéissance [1].

Je suis bien loin de prétendre que ces défauts sont nécessairement inhérents à la morale chrétienne de quelque
manière qu'on la conçoive, ou bien que tout ce qui lui
manque pour devenir une doctrine morale complète ne saurait se concilier avec elle ; et je l'insinue encore bien moins
des doctrines et des préceptes du Christ lui-même. Je crois
que les paroles du Christ sont devenues, à l'évidence, tout
ce qu'elles ont voulu être, qu'elles ne sont inconciliables
avec rien de ce qu'exige une morale complète, qu'on peut
y faire entrer tout ce qu'il y a d'excellent en morale, et cela
sans faire davantage de violence à leur lettre que tous ceux
qui ont tenté d'en déduire un quelconque système pratique
de conduite. Mais je crois par ailleurs que cela n'entre nullement en contradiction avec le fait de croire qu'elles ne
contiennent et ne voulaient contenir qu'une partie de la
vérité. Je crois que dans ses instructions, le fondateur du
christianisme a négligé à dessein beaucoup d'éléments
essentiels de haute morale, que l'Église chrétienne, elle, a
complètement rejetés dans le système moral qu'elle a érigé
sur la base de cet enseignement. Cela étant, je considère
comme une grande erreur le fait de vouloir à toute force
trouver dans la doctrine chrétienne cette règle complète de

---

1. De nouveau, on constate la grande sévérité de Mill à l'endroit
de la doctrine morale chrétienne (voir «Les mots du texte», p. 98-
99).

son auteur n'entendait pas détailler tout
...ulement sanctionner et mettre en vigueur.
...e cette théorie est en train de causer grand
...tique, en diminuant beaucoup la valeur de
l'éducation et de l'instruction morales que tant de personnes bien intentionnées s'efforcent enfin d'encourager. Je
crains fort qu'en essayant de former l'esprit et les sentiments sur un modèle exclusivement religieux, et en éva-
cuant ces normes séculières (comme on les appelle faute
d'un meilleur terme) qui coexistaient jusqu'ici avec la
morale chrétienne et la complétaient, mêlant leur esprit au
sien, il n'en résulte — comme c'est le cas de plus en plus —
un type de caractère bas, abject, servile, qui se soumet
comme il peut à ce qu'il prend pour la Volonté suprême,
mais qui est incapable de s'élever à la conception de la
Bonté suprême ou de s'y ouvrir. Je crois que des morales
différentes d'une morale exclusivement issue de sources
chrétiennes doivent exister parallèlement à elle pour produire la régénération morale de l'humanité ; et, selon moi,
le système chrétien ne fait pas exception à cette règle selon
laquelle, dans un état imparfait de l'esprit humain, les intérêts de la vérité exigent la diversité d'opinions. Il n'est pas
dit qu'en cessant d'ignorer les vérités morales qui ne sont
pas contenues dans le christianisme, les hommes doivent se
mettre à ignorer aucune de celles qu'il contient. Un tel préjugé, une telle erreur, quand elle se produit, est un mal
absolu ; mais c'est aussi un mal dont on ne peut espérer être
toujours exempt, et qui doit être considéré comme le prix
à payer pour un bien inestimable. Il faut s'élever contre la
prétention exclusive d'une partie de la vérité d'être la vérité
tout entière ; et si un mouvement de réaction devait rendre
ces rebelles injustes à leur tour, cette partialité serait déplorable au même titre que l'autre, mais devrait pourtant être
tolérée. Si les chrétiens voulaient apprendre aux infidèles à
être justes envers le christianisme, il leur faudrait être justes

eux-mêmes envers leurs croyances. C'est mal servir vérité que de passer sous silence ce fait — bien connu de tous ceux qui ont la moindre notion d'histoire littéraire — qu'une grande part des enseignements moraux les plus nobles et les plus estimables sont l'œuvre d'hommes qui non seulement ne connaissaient pas la foi chrétienne, mais encore la rejetaient en toute connaissance de cause.

Je ne prétends pas que l'usage le plus illimité de la liberté d'énoncer toutes les opinions possibles mettrait fin au sectarisme religieux ou philosophique[1]. Toutes les fois que des hommes de faible stature intellectuelle prennent une vérité au sérieux, ils se mettent aussitôt à la proclamer, la transmettre, et même à agir d'après elle, comme s'il n'y avait pas au monde d'autre vérité, ou du moins aucune autre susceptible de la limiter ou de la modifier. Je reconnais que la plus libre discussion ne saurait empêcher le sectarisme en matière d'opinions, et que souvent, au contraire, c'est elle qui l'accroît et l'exaspère ; car on repousse la vérité d'autant plus violemment qu'on a manqué à l'apercevoir jusque-là et qu'elle est proclamée par des gens en qui l'on voit des adversaires. Ce n'est pas sur le partisan passionné, mais sur le spectateur calme et désintéressé que cette confrontation d'opinions produit un effet salutaire. Ce n'est pas la lutte violente entre les parties de la vérité qu'il faut redouter, mais la suppression silencieuse d'une partie de la vérité ; il y a toujours de l'espoir tant que les hommes sont contraints à écouter les deux côtés ; c'est lorsqu'ils ne se préoccupent que d'un seul que leurs erreurs s'enracinent pour devenir des préjugés, et que la vérité, caricaturée, cesse d'avoir les effets de la vérité. Et puisque rien chez un juge n'est plus rare que la faculté de rendre un jugement sensé sur une

---

1. Mill note ici la violence que porte la discussion contradictoire qui met aux prises des partisans obstinément persuadés de détenir toute la vérité (voir « Trois questions posées au texte », p. 147).

entendu plaider qu'un seul avocat, la vérité
de se faire jour que dans la mesure où cha-
cettes, chacune des opinions incarnant une
rité, trouve des avocats et les moyens de se
faire entendre.

Nous avons maintenant affirmé la nécessité — pour le
bien-être intellectuel de l'humanité (dont dépend son bien-
être général) — de la liberté de pensée et d'expression à
l'aide de quatre raisons distinctes que nous allons récapitu-
ler ici.

Premièrement, une opinion qu'on réduirait au silence
peut très bien être vraie : le nier, c'est affirmer sa propre
infaillibilité.

Deuxièmement, même si l'opinion réduite au silence est
fausse, elle peut contenir — ce qui arrive très souvent —
une part de vérité ; et puisque l'opinion générale ou dominante sur n'importe quel sujet n'est que rarement ou jamais
toute la vérité, ce n'est que par la confrontation des opinions adverses qu'on a une chance de découvrir le reste de
la vérité.

Troisièmement, si l'opinion reçue est non seulement
vraie, mais toute la vérité, on la professera comme une
sorte de préjugé, sans comprendre ou sentir ses principes
rationnels, si elle ne peut être discutée vigoureusement et
loyalement.

Et cela n'est pas tout car, quatrièmement, le sens de la
doctrine elle-même sera en danger d'être perdu, affaibli ou
privé de son effet vital sur le caractère et la conduite : le
dogme deviendra une simple profession formelle, inefficace
au bien, mais encombrant le terrain et empêchant la naissance de toute conviction authentique et sincère fondée sur
la raison ou l'expérience personnelle.

Avant de clore ce sujet de la liberté d'opinion, il convient
de se tourner un instant vers ceux qui disent qu'on peut
permettre d'exprimer librement toute opinion, pourvu

qu'on le fasse avec mesure, et qu'on ne dépasse pas les bornes de la discussion loyale[1]. On pourrait en dire long sur l'impossibilité de fixer avec certitude ces bornes supposées ; car si le critère est le degré d'offense éprouvé par ceux dont les opinions sont attaquées, l'expérience me paraît démontrer que l'offense existe dès que l'attaque est éloquente et puissante : ils accuseront donc de manquer de modération tout adversaire qui les mettra dans l'embarras. Mais bien que cette considération soit importante sur le plan pratique, elle disparaît devant une objection plus fondamentale. Certes, la manière de défendre une opinion, même vraie, peut être blâmable et encourir une censure sévère et légitime. Mais la plupart des offenses de ce genre sont telles qu'elles sont le plus souvent impossibles à prouver, sauf si le responsable en vient à l'avouer accidentellement. La plus grave de ces offenses est le sophisme, la suppression de certains faits ou arguments, la déformation des éléments du cas en question ou la dénaturation de l'opinion adverse. Pourtant tout cela est fait continuellement — même à outrance — en toute bonne foi par des personnes qui ne méritent par ailleurs pas d'être considérées comme ignorantes ou incompétentes, au point qu'on trouve rarement les raisons adéquates d'accuser un exposé fallacieux d'immoralité ; la loi elle-même peut encore moins prétendre à interférer dans ce genre d'inconduite controversée. Quant à ce que l'on entend communément par le manque de retenue en discussion, à savoir les invectives, les sarcasmes, les attaques personnelles, etc., la dénonciation de ces armes mériterait plus de sympathie si l'on proposait un jour de les interdire également des deux côtés ; mais ce qu'on souhaite, c'est uniquement en restreindre l'emploi au

---

1. Est prise en compte une dernière objection qui prétend restreindre la libre expression et discussion des opinions au nom de ce que doit être une discussion loyale.

profit de l'opinion dominante. Qu'un homme les emploie contre les opinions minoritaires, et il est sûr non seulement de n'être pas blâmé, mais d'être loué pour son zèle honnête et sa juste indignation. Cependant, le tort que peuvent causer ces procédés n'est jamais si grand que lorsqu'on les emploie contre les plus faibles, et les avantages déloyaux qu'une opinion peut tirer de ce type d'argumentation échoient presque exclusivement aux opinions reçues. La pire offense de cette espèce qu'on puisse commettre dans une polémique est de stigmatiser comme des hommes dangereux et immoraux les partisans de l'opinion adverse. Ceux qui professent des opinions impopulaires sont particulièrement exposés à de telles calomnies, et cela parce qu'ils sont en général peu nombreux et sans influence, et que personne ne s'intéresse à leur voir rendre justice. Mais étant donné la situation, cette arme est refusée à ceux qui attaquent l'opinion dominante ; ils courraient un danger personnel à s'en servir, et s'ils s'en servaient malgré tout, ils ne réussiraient qu'à exposer par contrecoup leur propre cause. En général, les opinions contraires à celles communément reçues ne parviennent à se faire entendre qu'en modérant scrupuleusement leur langage et en mettant le plus grand soin à éviter toute offense inutile : elles ne sauraient dévier d'un pouce de cette ligne de conduite sans perdre de terrain. En revanche, de la part de l'opinion dominante, les injures les plus outrées finissent toujours par dissuader les gens de professer une opinion contraire, voire même d'écouter ceux qui la professent. C'est pourquoi dans l'intérêt de la vérité et de la justice, il est bien plus important de réfréner l'usage du langage injurieux dans ce cas précis que dans le premier ; et par exemple, s'il fallait choisir, il serait bien plus nécessaire de décourager les attaques injurieuses contre l'incroyance que contre la religion. Il est évident toutefois que ni la loi ni l'autorité n'ont à se mêler de réprimer l'une ou l'autre, et que le jugement de l'opinion

devrait être déterminé, dans chaque occasion, par les circonstances du cas particulier. D'un côté ou de l'autre, on
doit condamner tout homme dans la plaidoirie duquel per-
cerait la mauvaise foi, la malveillance, la bigoterie ou encore
l'intolérance, mais cela sans inférer ses vices du parti qu'il
prend, même s'il s'agit du parti adverse. Il faut rendre à chacun l'honneur qu'il mérite, quelle que soit son opinion, s'il
possède assez de calme et d'honnêteté pour voir et exposer — sans rien exagérer pour les discréditer, sans rien dis-
simuler de ce qui peut leur être favorable — ce que sont
ses adversaires et leurs opinions. Telle est la vraie moralité
de la discussion publique; et, si elle est souvent violée, je
suis heureux de penser qu'il y a de nombreux polémistes
qui en étudient de très près les raisons, et un plus grand
nombre encore qui s'efforce de la respecter.

Du tableau

au texte

Seloua Luste Boulbina

Du tableau au texte

Bloody Comics
de Bernard Rancillac

... « J'ai compris alors que j'étais un animal politique »...

Rancillac, Bernard, est né le 29 août 1931 à Paris, France. Il est l'aîné de cinq frères. Il passe sa petite enfance en Algérie (jusqu'en 1937). Après la Seconde Guerre mondiale, pendant laquelle il étudie dans un collège religieux en Haute-Loire, il revient à Paris. Il étudie les arts plastiques à l'atelier de Met de Penninghen. Lors de son service militaire dans les tirailleurs marocains, il expose ses premiers dessins dans une librairie de Meknès. Sa première exposition personnelle a lieu en 1956. C'est l'un des cofondateurs, autour de la galerie Mathias Fels, de la figuration narrative. Il peint d'après photographies. Ses sujets de prédilection sont la politique, le sport, le jazz. « Tous les "événements" politiques m'impressionnent, a-t-il déclaré en 1991. Je l'ai découvert quand j'ai décidé de faire les toiles sur l'année 1966. J'ai compris alors que j'étais un animal politique, pas un chroniqueur mondain ! À l'origine de toute création artistique, il faut une émotion. Très souvent, chez moi, elle est de nature politique, même quand je peins des Mickey, des musiciens de jazz, des voitures ou des stars de cinéma. Le journaliste et le photographe sont plus présents sur l'événement et plus rapides en communication. Mais le peintre a le temps pour lui, le temps de s'enfoncer dans la chair du temps. Cela s'appelle l'histoire.» Voir aussi : Eduardo Arroyo, Valerio Adami, Gilles Aillaud, Jean-Paul Chambas, Gudmundur Erró, Gérard Fromanger, Peter Klasen, Jacques Monory, Hervé Télémaque (et bien d'autres).

… Leur mine est plutôt… patibulaire…

Bloody Comics, 1977 : huile sur toile (195 cm x 300 cm). Musée de Dole. Des personnages de bandes dessinées habillés en militaires sont alignés au garde-à-vous. On reconnaît, de gauche à droite : Pat Hibulaire, Donald, Pluto (le grand ami de Mickey) et Mickey. Paraissent-ils sympathiques et pacifiques? Pas vraiment. Leur mine est plutôt… patibulaire. Ils ne semblent pas animés de bonnes intentions. Donald nous fixe méchamment. L'expression de Mickey n'est ni joyeuse ni optimiste. Pluto a l'air d'être aux ordres. Quant à Pat Hibulaire, il a une langue de la couleur (verte) de son uniforme, sans doute la langue de bois caractéristique de la police des régimes autoritaires. Ce sont des officiers, manifestement des généraux. Derrière eux se profile toute une armée. Les uniformes sont sombres, du vert au bleu foncé. La veste de Donald a pour caractéristique d'avoir un col Mao. Au premier plan, Popeye, le marin bodybuildé, leur adresse un salut de la main. Son avant-bras tatoué (une ancre) est gonflé comme une outre. Ses dents n'ont pas été contrôlées par l'orthodontiste. Son calot blanc porte le nom de «Jimmy». Une inscription, en lettres peintes rouge, blanc, rose, dévore le quatrième plan : CHILI. Curieusement, le «I» est un pénis turgescent. Un symbole phallique? En tout cas, une image sans équivoque de la puissance.

Comics : terme anglais employé aux États-Unis pour désigner les bandes dessinées (ou «BD»). Il s'agit d'abord, avec les *comic strips*, de quelques cases publiées dans la presse. Il s'agit ensuite, avec les *comic books*, de magazines puis de livres illustrés pour enfants. En France, la série des *Astérix* en est un exemple. *Comic* signifie également « comique ». Les personnages sont effectivement comiques : Obélix, le Gaulois tombé dans la marmite de potion magique et doté d'une force herculéenne, en est l'illustration la plus remarquable. La série des *Tintin* montre un professeur Tournesol dont le comportement ressemble étrangement à Pythagore, le philosophe distrait qui, à trop regarder le ciel, tomba sans s'en apercevoir dans un puits. L'histoire ne dit pas, cependant, s'il était dur d'oreille. Aujourd'hui, on parle de *mangas* à propos des BD japonaises, de *comics* pour nommer les BD américaines et, plus généralement, de « BD » pour renvoyer aux dessins français (ou belges).

Voir aussi : *cartoons*. Les *cartoons* sont la plupart du temps des courts-métrages d'animation. Les personnages, appelés *toons*, puisent abondamment dans la faune : lapins, chats, chiens, souris, canards et autres volatiles peuplent l'univers comique et aussi enfantin des *cartoons*. Les années 1930, 1940 et 1950 sont, aux États-Unis, l'âge d'or du dessin animé. Frederick Bean « Tex » Avery, l'inventeur de Droopy (*I am happy !* : « Je suis heureux ! »), l'un des créateurs de Bugs Bunny (*Eh ! What's up Doc ?* : « Quoi de neuf, docteur ? »), est un des maîtres incontestés du genre. Il débute en 1930 au studio Fox (« renard ») le bien nommé en travaillant à l'adaptation des fables d'Ésope, *Aesop's Sound Fables*.

… *L'univers de Walt Disney*…

Popeye : né aux États-Unis en 1929, sous la plume de Elzie Crisler Segar. Profession : marin. Fumeur de pipe. Signe particulier : borgne. Le nom de Popeye vient de son œil « éclaté » (*pop eye*). Il devient suprêmement fort physiquement en mangeant des épinards (en boîte), parvenant même à terrasser le vilain Brutus. Dans le *comic strip The Thimble Theatre*, il est un personnage secondaire, un marin qui escorte le fiancé (Ham Gravy) et le frère (Castor Oyl) d'Olive lors d'un voyage en mer pour une chasse au trésor. Devenant le fiancé d'Olive, il a ensuite une série à son nom.

Pat Hibulaire : *Pet-Lege Pete, Black Pete, Pete* (alias Pat Hibulaire) est né le 15 février 1925, aux États-Unis, dans *Alice Solves the Puzzle*. Cet énorme chat noir de mauvais augure est le plus âgé de la bande et peut-être le plus redoutable. C'est, dans l'univers de Walt Disney, l'incarnation du méchant. Il est toujours malhonnête et représente l'antithèse du gentil Mickey dont il est l'ennemi juré et qu'il cherche constamment à éliminer. Présent dans *Bloody Comics*, il laisse penser qu'une junte militaire n'est pas très éloignée d'une bande de voleurs, dans laquelle l'intérêt pour les méfaits prime sur les inimitiés. Il avait d'abord, au début de sa carrière cinématographique, une grosse queue noire et une jambe de bois. Il s'anthropomorphise progressivement et perd son attribut trop animal. Peu à peu, également, sa jambe de bois se fait plus discrète, jusqu'à disparaître entièrement (et miraculeusement). En 1943, dans *Mickey Mouse in a Secret Mission (Mickey Mouse agent secret)*, Pat Hibulaire est un espion au service de l'Allemagne nazie. À l'évidence, il est prêt à toutes les compromissions.

Donald : sujet d'une remarquable énigme. Pourquoi Donald porte-t-il une serviette autour de la taille en sortant de la douche, alors qu'il n'a jamais de pantalon ? Donald Duck est un canard né le 9 juin 1934, aux États-Unis, dans le film d'animation intitulé *The Wise Little Hen* (« La petite poule avisée »). Il joue le rôle d'un paresseux qu'une mère poule met au travail. Il est déjà en costume de marin. L'histoire est publiée sous forme papier en France dans le *Journal de Mickey* d'avril à août 1935, puis aux États-Unis de septembre à décembre 1935. Donald Duck a été créé par Dick Lundy en 1934 pour la Walt Disney Company. Signe particulier : grincheux et colérique. Tout ce qu'il entreprend, en dépit de la bonne volonté dont il peut parfois faire preuve, tombe à l'eau tant il est malchanceux ! Donald est à ses débuts le faire-valoir de Mickey Mouse. Son second prénom (Fauntleroy) figure sur son avis de mobilisation dans un dessin animé de 1941 lorsque les États-Unis entrent en guerre. Il devient alors un personnage de propagande. Soldat, Donald est enrôlé et combat les forces ennemies. Dans *Der Führer's Face* («Le visage du Führer»), il rêve qu'il vit dans l'Allemagne nazie. À la fin, apparaît en ombre la célèbre statue de la Liberté.

Pluto : ce chien de Saint-Hubert est né le 18 août 1930 dans *The Chain Gang*, dessin animé dans lequel il est un chien policier à la poursuite d'un prisonnier évadé. Ses ennemis jurés sont Pat Hibulaire et Butch le bouledogue. N'étant pas, à l'instar de Donald et surtout de Mickey, ses fidèles compagnons de route, un animal anthropomorphe, Pluto ne sait pas parler. Il parvient juste à articuler, ce qui est chez lui un signe particulier, la phrase *Kiss me* («Embrasse-moi»). Il marche également à quatre pattes, ce qui n'est pas le cas des deux autres. Il est donc étonnant qu'il soit debout dans *Bloody Comics*. D'une extraordinaire stupidité, il fait en général échouer ce que Mickey entreprend. Il est nommé Pluto en 1931 seulement (il portait auparavant le nom de Rover) en hommage à la découverte récente, alors, de la planète Pluton. Cette planète est repérée le 30 janvier 1930 et son existence confirmée le 13 mars 1930. Pluton : le dieu des Enfers...

... *Mickey n'est pas un* loser *mais un* winner...

Mickey : *Mickey Mouse* est une souris. Il est né le 18 novembre 1928, aux États-Unis, dans *Steamboat Willie,* parodie du film *Steamboat Bill. Jr.* («Cadet d'eau douce»), avec Buster Keaton et Ernest Torrence, qui était sorti la même année. Il y rencontre celle qui deviendra l'élue de son cœur, Minnie. C'est en réalité le troisième dessin animé dans lequel il apparaît. Deux courts-métrages muets avaient déjà été diffusés. *Steamboat Willie* est le premier parlant. Mickey est dessiné par Ub Iwerks. C'est Walt Disney lui-même qui prête sa voix de fausset au personnage qui deviendra, par la suite, une vedette de cinéma. Il apparaît dans les *comics* le 13 janvier 1930. Mickey a deux bons amis : Dingo et Pluto. Mickey est d'une importance capitale dans le *Disneyworld* (le monde de Disney) car il doit en représenter la morale et la moralité. Il est l'ambassadeur de l'optimisme (américain) et de la joie (de vivre). Le 16 février 1931, le *Time Magazine* trace de lui le portrait suivant : « Grand amant, étudiant, soldat, marin, chanteur, toréador, magnat, jockey, boxeur, pilote de course, aviateur, fermier. Mickey Mouse vit dans un monde dans lequel l'espace, le temps et les lois de la physique sont nulles. Il peut se mettre dans la gueule d'un buffle, retirer ses dents et les utiliser comme castagnettes. Il peut diriger une fanfare ou jouer des solos de violon ; son ingéniosité est sans limites ; il ne perd jamais. » Mickey n'est pas un *loser* (perdant) mais un *winner* (gagnant). Il finit par être consacré comme symbole national états-unien. En 1935, la Société des Nations (SDN) remet à Walt Disney une médaille spéciale représentant Mickey. Mickey, en effet, est « un symbole universel de bonne volonté ». Il sera portrituré par de nombreux artistes, Andy Warhol, Robert Combas, Peter Saul et Bernard Rancillac chez lequel il apparaît dès 1965. Au cinéma, une référence à l'émission *Mickey Mouse Club* apparaît à la fin du film *Full Metal Jacket*, le film de guerre américain réalisé en 1987 par Stanley Kubrick. Pendant la guerre du Vietnam, des soldats, sur un champ de bataille, se mettent à chanter en cœur le générique de cette émission. Tout débute, dans le film, par l'entraînement de jeunes recrues en Caroline du Sud. Comment faire de jeunes hommes ordinaires des *marines* sans états d'âme voire sans âme ?

… Les coups d'État jalonnent l'histoire du Chili…

Chili : inscription figurant dans le tableau que Bernard Rancillac peint en 1977, *Bloody Comics* (qu'on pourrait approximativement traduire par « BD sanglante ») par référence à la dictature militaire du général Pinochet au Chili. Après avoir été colonie espagnole, le Chili, longue bande de terre longeant, en Amérique latine, l'océan Pacifique, est devenu indépendant en 1818. Bernardo O'Higgins en est le premier dictateur (1817-1823). Le pays souffre de son instabilité politique. Les coups d'État jalonnent son histoire. Le 11 septembre 1973, un coup d'État, mené par le général Pinochet, soutenu par les États-Unis, renverse le gouvernement de Salvador Allende qui préfère se suicider plutôt que de se soumettre.

Le 4 septembre 1970, Allende, le candidat marxiste de l'Unité populaire, remporte les élections présidentielles avec 36,6 % des suffrages. Son investiture est acceptée par le Congrès à la condition que le régime respecte les libertés et la légalité. Grâce au soutien des Démocrates chrétiens, Salvador Allende devient le premier président élu démocratiquement sur un programme socialiste. Il poursuit alors la politique de nationalisation des mines de cuivre (qui représentent les trois quarts des exportations), déjà entreprise par son prédécesseur, sans dédommager les compagnies américaines qui en étaient propriétaires. Aux élections législatives de 1973, il est soutenu par 40 % des électeurs, mais, lâché par les Démocrates chrétiens, il ne dispose plus de majorité parlementaire et gouverne par décrets. Opposition, grèves, insurrections : le pays et son gouvernement sont fragilisés. Le 23 août 1973, Salvador Allende, à la suite de la démission de Carlos Prats Gonzales, nomme Augusto Pinochet général en chef des armées. Moins d'un mois plus tard, le Chili passe brutalement de la démocratie à la dictature. Un an plus tard, Prats est assassiné à Buenos Aires dans le cadre de « l'opération Condor ». Augusto Pinochet reste au pouvoir jusqu'en 1988. Il est arrêté à Londres en 1998. En 2004, son immunité constitutionnelle (il est sénateur à vie) est levée par la cour d'appel de Santiago pour sa responsabilité dans l'opération Condor qui visait à éliminer physiquement les opposants au régime. Il est relaxé en juin 2005. La relaxe est confirmée le 15 septembre 2005 par la Cour suprême.

... une dangereuse junte militaire...

Américains : Pat Hibulaire, Donald, Pluto et Mickey Mouse sont indubitablement américains. Ils forment, dans le tableau de Bernard Rancillac, une dangereuse junte militaire. Pourquoi ? Les États-Unis ne sont pourtant pas une dictature ! Ils ont cependant été accusés d'avoir été les instigateurs du coup d'État du général Pinochet. En 1976, la commission Church a conclu que le gouvernement des États-Unis ne pouvait pas être considéré comme étant impliqué dans le renversement de la démocratie au Chili. Cette commission dépendait du Sénat états-unien et était dirigée depuis 1975 par le sénateur démocrate Frank Church. En 1973, le président des États-Unis, Richard Nixon, n'a pas vu d'un mauvais œil la disparition du gouvernement socialiste chilien et l'installation de la dictature. Lorsqu'il était candidat conservateur contre Allende, Jorge Alessandri avait reçu le soutien (au moins financier) de la compagnie américaine ITT (*International Telephone and Telegraph*). La CIA (*Central Intelligence Agency*), sous les auspices de Richard Nixon, s'était efforcée d'empêcher la victoire électorale de Salvador Allende. Deux plans avaient alors été montés : *Track One* et *Track Two*. Le premier consistait à suborner le Congrès chilien par de complexes manœuvres politiques. Il échoua. Le second fut alors mis en œuvre. Il consistait à créer de l'instabilité politique pour que les forces armées interviennent et annulent les élections. La CIA a ainsi soutenu financièrement le parti d'extrême droite Patrie et Liberté. Ses membres avaient-ils lu *De la liberté* ? Si tel avait été le cas, ils auraient été convaincus qu'aucun argument rationnel ne peut permettre d'accepter d'inféoder la liberté de pensée et de discussion à quelque intérêt supérieur que ce soit. Ils auraient su combien est inique et abusive l'intervention de la force dans la discussion publique et dans le débat politique. Il auraient peut-être compris, à condition de ne pas faire la sourde oreille, qu'aucune dictature ne peut sans contradiction être soutenue au nom de la liberté.

... défendre la « liberté de presse »...

Dictature : le 11 septembre 1973, une junte militaire, composée des commandants en chef des trois armées (air, terre, mer) ainsi que du chef de la police, prend le pouvoir. C'est un bain de sang. Le cinéaste Chris Marker filme ceux qui se réfugient alors à l'ambassade de France. Un membre d'un parti de gauche est abattu devant sa caméra aux portes de l'ambassade. Le film (1973, 20 minutes) s'intitule *L'Ambassade*. Immédiatement, cette junte militaire dissout le Congrès, les conseils municipaux, les syndicats et les partis politiques. Tout ce qui ressemble de près ou de loin à la liberté d'expression et de discussion est aboli. La presse est muselée, le couvre-feu instauré, la littérature de gauche interdite. Un million de Chiliens s'exilent. Une centaine de milliers de personnes sont emprisonnées. Plusieurs milliers de personnes disparaissent. En 1859, le philosophe John Stuart Mill avait, au vu de l'histoire passée, fait le vœu suivant : « Il est à espérer que le temps où il aurait fallu défendre la "liberté de presse" comme l'une des sécurités d'un gouvernement corrompu ou tyrannique est révolu. On peut supposer qu'il est aujourd'hui inutile de défendre l'idée selon laquelle un législatif ou un exécutif dont les intérêts ne seraient pas identifiés à ceux du peuple n'est pas autorisé à lui prescrire des opinions ni à déterminer pour lui les doctrines et les arguments à entendre. » Une dictature fait valoir la force contre la raison, l'autorité contre la liberté, le pouvoir contre le droit, la violence contre la discussion et, pour finir, la mort contre la vie.

… « je ne peux détourner les yeux des champs de bataille »…

« Il est reconnu en politique qu'un parti d'ordre ou de stabilité et un parti de progrès ou de réforme sont les deux éléments nécessaires d'une vie politique florissante, jusqu'à ce que l'un ou l'autre ait à ce point élargi son horizon intellectuel qu'il devienne à la fois un parti d'ordre et de progrès, connaissant et distinguant ce qu'il est bon de conserver et ce qu'il faut éliminer. » John Stuart Mill n'est pas sans savoir qu'une telle synthèse est improbable. C'est pourquoi il est aussi favorable à la discussion politique, que l'on défende la liberté ou l'égalité, la coopération ou la compétition, le luxe ou l'abstinence, la sociabilité ou l'individualisme, la liberté ou la discipline. C'est pourquoi il est si farouchement opposé à ce que les débats soient réglés par les armes, à ce que certains soient réduits, par la force, au silence. Lors de l'exposition « Le Monde en question », qui présentait une série de peintures consacrées aux événements qui s'étaient produits en 1966, Bernard Rancillac commenta la manifestation en ces termes : « Un fusil est plus efficace qu'un pinceau si l'on sait s'en servir. Pour ceux que le fusil rebute, le pinceau peut-il être une arme ? J'en doute. Mais avec ce doute en moi, moi peignant par force majeure, je ne peux détourner les yeux des champs de bataille, des charniers, des villes assiégées, des tribunaux, des salles de réunion, des salles d'opération ou de torture, tous lieux en ce monde où le monde se fait effroyablement vite, sans moi, sans nous. » Si les fusils sont des armes, ce ne sont pas de véritables armes politiques. Celles-ci tiennent aux arguments, à la manière de penser, à la capacité de discuter. Bien au contraire, les fusils font cesser toute discussion, toute expression d'une opinion personnelle, toute liberté de penser sans contrainte. La dictature se situe aux antipodes de la liberté d'expression. Comme au Chili, elle ne répugne pas à employer les moyens les plus ignominieux pour faire taire les langues en torturant et en tuant ceux qui osent élever la voix, ceux qui s'efforcent de se faire entendre dans leur différence. En 1966 — il ne faut pas l'oublier —, Mao Zedong lançait la Révolution culturelle. Che Guevara était fait prisonnier en Bolivie le 8 octobre 1967 et assassiné le 9. Silence, on tue. Voir aussi : liberté de pensée et de discussion : « Ce qu'il y a de particulièrement néfaste à imposer silence à l'expression d'une opinion, c'est que cela revient à voler l'humanité » (John Stuart Mill, *De la liberté*, 1859). Un pays catholique n'est pas nécessairement, loin s'en faut, un pays chrétien et la charité s'ordonne souvent plus de la répression que du souci de l'humanité. Voir aussi : monde. « Le monde, pour chaque individu, signifie la partie du monde avec laquelle il est en contact : son parti, sa secte, son Église, sa classe sociale. En comparaison, on trouvera à un homme l'esprit large et libéral s'il étend le terme de "monde" à son pays ou son époque » (*De la liberté*).

… son goût immodéré pour la liberté…

John Stuart Mill naît le 20 mai 1806 à Londres. Son père, James Mill, philosophe et économiste, lui dispense, avec l'assistance de Jeremy Bentham et de David Ricardo, une éducation exigeante et rigoureuse, le transformant précocement en bourreau de travail. Sous la férule paternelle, il apprend très tôt le grec (à partir de trois ans) puis le latin (à partir de huit ans). L'enfance du génie est laborieuse. À vingt ans, il s'écroule, tombant dans la dépression. C'est peut-être dans le refus d'un conditionnement si intensif que John Stuart Mill, héritier de l'utilitarisme, baigné dans le calcul des plaisirs et des peines, puise son goût immodéré pour la liberté. À ses yeux, celle-ci constitue « le premier et le plus impérieux besoin de la nature humaine », « après les nécessités de premier ordre, la nourriture et le vêtement ». C'est un penseur novateur, en logique comme en économie. Lorsqu'il publie *De la liberté*, en 1859, il en consacre le premier chapitre à la discussion, s'employant notamment à défaire le préjugé selon lequel il n'est pas nécessaire d'écouter, et d'étudier, les opinions réputées fausses. Or ce qu'il nomme « la culture de l'intelligence » suppose de développer son sens de l'argumentation en prenant connaissance, comme Cicéron l'a amplement montré, des arguments que l'on veut réfuter. C'est par une éthique et une politique de la discussion rationnelle que la liberté de pensée peut être pratiquée et que la vérité peut avoir quelque chance d'être découverte. C'est ainsi que John Stuart Mill s'est employé, en 1869, à poursuivre la réflexion entamée en 1859 en publiant une critique *De l'asservissement des femmes.* « Je crois, y écrit-il, que les relations sociales des deux sexes, qui subordonnent un sexe à l'autre au nom de la loi, sont mauvaises en elles-mêmes et forment aujourd'hui l'un des principaux obstacles qui s'opposent au progrès de l'humanité ; je crois qu'elles doivent faire place à une égalité parfaite,

sans privilège ni pouvoir pour un sexe, comme sans incapacité pour l'autre. » Le philosophe s'éteint en Avignon le
8 mai 1873. *Bloody Comics,* le tableau de Bernard Rancillac
— des militaires au pouvoir à la suite d'un coup d'État —,
ne montre aucune femme. Minerva (dite *Minnie*) Mouse
est, comme toutes les autres, absente. Minnie est la fian-
cée de Mickey. Elle n'a jamais eu de *comics* ou de *cartoons*
à son nom.

Le texte

en perspective

Nicolas Roblain

Les mots du texte

Liberté de discussion, opinion, tolérance

C'EST EN 1854, bénéficiant de l'aide inestimable de sa femme, Harriet Taylor-Mill, comme en témoigne la dédicace qui ouvre la première édition de 1859, que John Stuart Mill conçoit *De la liberté*. Pour saisir en profondeur le sens et la portée de son projet, il importe d'avoir à l'esprit plusieurs éléments décisifs. Certes, l'essai de Mill est, à l'évidence, un manifeste libéral qui s'attache à défendre la liberté d'opinion aussi largement qu'il est possible. Mais c'est son allure bien spécifique d'intervention dans un contexte historique précis et dûment circonscrit qui risquerait d'être perdue si l'on accordait d'emblée une importance trop grande à cet indéniable engagement libéral. Mill écrit fondamentalement avec et contre le fait démocratique, fait dont nous sommes toujours les acteurs et les témoins. Le problème politique par excellence, celui du pouvoir que certains hommes réclament et exercent sur d'autres hommes et qui dessine le paysage de toute communauté humaine, est à l'âge démocratique un problème qui est censé avoir trouvé sa solution définitive. Dans l'introduction de l'ouvrage, Mill brosse à grands traits l'esquisse d'une histoire du problème du pouvoir, qui s'articule comme la détermination des relations entre les gouvernants et la liberté des individus. Historiquement, le problème du pouvoir aura donc conduit à la mise au jour insistante et renouvelée des moyens de le limiter. Considérons deux dispositifs mentionnés par Mill et destinés à limiter et à interdire les abus du pouvoir. D'une part, la liberté des individus tend peu à peu à s'énoncer en termes de droits, à savoir d'«immunités» que les gouvernants ne sauraient transgresser sans entraîner une légitime résistance de la part des individus qui en bénéficient. D'autre part, des institutions naissent qui sont chargées des intérêts du peuple et qui ont pour fonction de vérifier si les décisions des gouvernants respectent ces intérêts. Mais, lorsque s'étend l'âge des démocraties, l'établissement des voies et moyens en vue de limiter le pouvoir paraît soudain dépourvu de tout objet et de toute pertinence. Pourquoi se soucier de régler les rapports entre gouvernants et gouvernés si le peuple et le pouvoir tendent à s'identifier, si le gouvernement ne fait qu'un avec le peuple? Pourquoi et comment, au juste, le peuple en viendrait-il à se faire le tyran de lui-même? Pourtant, grande serait l'illusion consistant à dire qu'avec la démocratie le problème du pouvoir cesserait littéralement de se poser. La démocratie peut parfaitement contredire la valeur de liberté dont elle est porteuse et donner naissance à une nouvelle forme de tyrannie, celle-là même diagnostiquée par Alexis de Tocqueville (1805-1859) et reconnue à sa suite par Mill : la tyrannie de la majorité. Tocqueville écrit dans *De la démocratie en Amérique* : «Qu'est-ce donc qu'une majorité prise collectivement, sinon un individu qui a des opinions et le plus souvent des intérêts contraires à un autre individu qu'on nomme la minorité?» Le «pouvoir du peuple sur lui-même» ne serait alors, comme le pointe Mill, que le pouvoir «du plus grand nombre ou de la partie la plus active du peuple» sur le reste du peuple, pouvoir qui, comme tel, est toujours susceptible d'abus et exige à son tour d'être limité. Cela indiqué, il devient possible d'interroger les mots de notre texte.

1.

Liberté de discussion

Si la démocratie est, au premier regard, la double et complexe promotion de l'égalité et de la liberté — comme l'atteste la démocratie athénienne qui, dans l'assemblée publique, accorde à chacun un droit égal à la libre expression concernant les affaires de la cité — alors le manifeste de Mill est, à l'évidence, un éloge de la démocratie parce qu'il est un éloge de la liberté d'expression. Si, en revanche, la démocratie consiste en ce processus inéluctable qui déploie l'égalisation des conditions dont parle Tocqueville, si la démocratie permet également le triomphe d'un conformisme de masse, alors peut sourdre du texte de Mill un pessimisme suscité par les tropismes antidémocratiques de la démocratie. Toutefois, cet éloge pessimiste de la démocratie ne se laisse guère séparer d'un vif élan qui s'efforce de porter remède à la situation ainsi décrite, et qui se constitue en un manifeste vigoureux adressé par Mill à ses contemporains. En décelant la contradiction intrinsèque que contient la promesse démocratique, Mill donne à son engagement libéral la forme d'une défense de cette dernière contre tout ce qui, en elle, la nie. Écrire un plaidoyer en faveur de la liberté d'opinion, c'est, en bref, en appeler à un renouveau démocratique, c'est, en outre, reconnaître que la démocratie n'est jamais que le processus sans cesse recommencé de sa propre conquête.

1. *Le principe de liberté*

Mill, dans l'introduction qui forme le premier chapitre de l'ouvrage, indique que «l'objet de [son] essai est de poser un principe très simple», destiné «à régler absolument » les relations entre la société et l'individu et à préciser à quelles conditions la société peut légitimement être amenée à exercer un contrôle sur ce dernier, que ce contrôle prenne la forme de « la force physique » en lien avec des « sanctions pénales », ou celle de « la contrainte morale exercée par l'opinion publique » (*the moral coercion of public opinion*). Le principe énonce les conditions en vertu desquelles la société se trouve justifiée à intervenir au cœur de la conduite d'un individu. Mill écrit alors que « la seule raison légitime que puisse avoir une communauté pour user de la force contre un de ses membres est de l'empêcher de nuire aux autres ». On nomme souvent le principe de liberté le *harm principle* (le verbe anglais *to harm* signifie nuire, causer du tort, infliger un dommage). Par conséquent, si les actions, ou la conduite, d'un individu ne regardent, ou ne concernent, que l'individu seul qui les effectue et jamais autrui, ou les intérêts d'autrui, si, par suite, les actions de cet individu ne nuisent à personne, alors la société ne saurait intervenir dans la sphère d'actions de cet individu. Certes, il faut bien reconnaître qu'il est difficile de faire rigoureusement le départ entre des actes qui ne concernent que l'agent (*self-regarding actions*) et des actes concernant autrui (*other-regarding actions*). De surcroît, il est rien moins qu'aisé de déterminer ce que Mill entend par le syntagme « nuire aux autres ». Faut-il ne tenir compte que des torts physiques, faut-il inclure les torts moraux ? Un exemple simple peut nous faire comprendre l'approche de Mill. Si un individu consomme de l'alcool de façon excessive et si, ce faisant, il ne lui arrive pourtant pas de porter atteinte à autrui, alors la société ne saurait l'empêcher d'agir de la sorte. Mill soutient « qu'un homme ne peut pas être légitimement contraint d'agir [...] sous prétexte que ce serait meilleur pour lui, que cela le rendrait plus heureux ou que, dans l'opinion des autres, agir ainsi serait sage ou même juste ». On ne saurait décider du bonheur d'un individu à sa place ou, si l'on veut, faire son bonheur à sa place au motif qu'on saurait mieux que lui ce qui est bon pour lui. Se trouve de la sorte délimitée une sphère privée qui est protégée de toute interférence extérieure tant individuelle que collective, sphère au niveau de laquelle « l'individu est souverain » et où « l'indépendance » individuelle est « absolue ». Mais la liberté d'action s'agissant des conduites individuelles qui ne concernent que l'agent n'est sans doute pas tout à fait identique à ce dont parle notre texte, qui porte explicitement sur la question de liberté de pensée et de discussion.

2. *D'une ambiguïté*

Mill, dans l'introduction de l'ouvrage, explore « la région propre de la liberté humaine » et distingue avec soin diverses sortes de libertés. Il y a, d'abord, « le domaine intime de la conscience » qui se déplie en « liberté de conscience au sens le plus large : liberté de penser et de sentir (*liberty of thought and feeling*), liberté absolue d'opinions et de sentiments sur *tous les sujets, pratiques ou spéculatifs, scientifiques, moraux ou théologiques* (nous soulignons) ». Mill sous-entend que ces libertés relèvent pleinement du principe précédemment indiqué car elles concernent seulement chaque individu et lui seul. Le cas de « la liberté d'exprimer et de publier des opinions » semble, en revanche, échapper à la juridiction du principe. Cette difficulté est cruciale. On pressent, en effet, que la liberté de discussion des opinions suppose nécessairement la libre circulation des opinions elles-mêmes, libre circulation qui, à son tour, s'identifie largement à la liberté d'exprimer publiquement les opinions en question. Mais si la liberté d'expression échappe au domaine encadré par le principe, alors l'intervention de la société peut apparaître, sans doute, comme légitime et prendre la forme d'une censure qui interdit la discussion publique. La liberté d'expression « appartient à cette partie de la conduite de l'individu qui concerne autrui » et qui est susceptible, même de façon minimale, de lui nuire. Par exemple, je peux exprimer une opinion fausse qui va induire celui qui la reçoit et l'accepte en erreur. Mill s'efforce donc, après avoir distingué la liberté de pensée de la liberté d'expression, de les rapprocher. La liberté d'expression est « presque aussi importante que la liberté de penser elle-même » et « ces deux libertés sont pratiquement indissociables ». Le raisonnement implicite de Mill consiste à considérer que les bienfaits qu'apporte la libre expression sont de loin supérieurs aux dommages éventuels que peut causer à autrui l'expression de telle ou telle opinion, en sorte qu'il faut faire comme si la liberté d'expression appartenait vraiment, à l'instar de la liberté de pensée, au domaine régi par le principe de liberté. Outre qu'il est toujours possible de voir la logique d'interdiction s'étendre inconsidérément et frapper, de proche en proche, de plus en plus d'opinions, on tiendra donc le fait d'interdire la circulation de certaines opinions pour socialement moins bénéfique que l'attitude de laisser faire. Mais, une objection doit, à ce stade, être adressée à Mill. Faut-il, à suivre ses analyses, estimer que des opinions racistes et/ou antisémites sont des opinions comme les autres et qu'elles sont, à ce titre, autorisées à circuler sans entrave dans l'espace public ? La question est loin d'être facile mais il est possible de conjecturer ce que pourrait être la réponse de Mill. Au chapitre 3, il examine l'exemple suivant : soutenir que « la propriété privée est un vol […] peut encourir une juste punition si on l'exprime oralement, au milieu d'un rassemblement de furieux attroupés devant la porte d'un marchand de blé ». Dit autrement, Mill, qui est libéral sans être libertaire, admet parfaitement que certaines opinions proférées dans certains contextes puissent être équivalentes à des actes qui nuisent à autrui et qu'il est, dans ce type bien précis de cas, légitime de les soumettre à un contrôle social. Quoi qu'il en soit, on ne peut saisir le sens de toutes ces analyses qu'en ayant à l'esprit ce à quoi concourt l'ensemble désormais indivis formé par la liberté de pensée, la liberté d'opinion et la liberté d'expression.

3. *De l'individu et de sa liberté*

À étudier « la région propre de la liberté », on note que Mill parle de « la liberté des goûts et des occupations » des individus et, plus encore, de celle consistant « à tracer le plan de notre vie suivant notre caractère [*liberty of framing the plan of our life to suit our own character*], d'agir à notre guise ». La liberté individuelle envisagée dans toute son ampleur est ce qui doit pouvoir permettre à chaque individu de développer de façon exigeante ses potentialités, d'inventer sa propre façon de vivre, de découvrir le chemin singulier et original qui le conduira au bonheur. La liberté sert l'épanouissement de l'individualité de l'individu. Et, par conséquent, le principe de liberté, tout en permettant à chacun d'explorer et de réaliser ses potentialités individuelles, active les talents, le dynamisme et la créativité dans la société entière. Ce faisant, il peut idéalement créer les conditions d'un large progrès intellectuel et moral. Autrement dit, Mill ne sépare jamais le principe de liberté d'un aspect d'utilité pris « dans sons sens le plus large ». Il s'agit de l'utilité « fondée sur les intérêts permanents de l'homme considéré comme un être capable de progrès ». La société, en intervenant le moins possible sur la façon dont les individus pensent et agissent, sera une société libre, accomplie, et dans laquelle la diversité des façons de vivre, de voir, de sentir prendra toute sa place. On comprend donc que la liberté de discussion se trouve requise en vue du développement moral et intellectuel des sociétés humaines. Pour appréhender plus avant cette thèse, il convient de noter que Mill fait, dans son ouvrage, à plusieurs reprises, référence à la pensée de Guillaume de Humboldt (1767-1835), développée dans l'ouvrage *De la sphère et des devoirs du gouvernement*. Mill cite notamment Humboldt au frontispice de *De la liberté* à propos de « l'importance absolue et essentielle du développement humain dans sa plus riche diversité » mais également au chapitre 3 : « la fin de l'homme […] est le développement le plus large et le plus harmonieux de toutes ses facultés en un tout complet et cohérent. » Mill salue en Humboldt un savant qui a su penser la « spontanéité individuelle ». La spontanéité, ou capacité à agir et choisir à partir de soi, doit permettre à l'individu de cultiver également et pleinement toutes ses facultés qui sont comme les multiples dimensions de son être singulier. Mill songe clairement à la figure d'un être humain supérieurement accompli qui fait de lui-même et de l'unicité de la vie qu'il invente une œuvre d'art : « Parmi les œuvres de l'homme […], la plus importante est l'homme lui-même. » Mill, de plus, oppose avec force « celui qui laisse le monde […] tracer pour lui le plan de sa vie » et « celui qui choisit lui-même sa façon de vivre », mobilisant et développant du même fait toutes ses facultés. Ensuite, et par contraste, il est loisible de comprendre cet éloge de la diversité des individualités en lien avec ce qui la menace, à savoir le conformisme démocratique qui n'est qu'une manifestation de la tyrannie de la majorité. Quels sont les effets sur l'individualité des individus de ce que Mill nomme, dans l'introduction de l'ouvrage, « la tyrannie de l'opinion et du sentiment dominants » (*the tyranny of the prevailing opinion and feeling*) ? Il écrit qu'il faut « se protéger contre [cette tendance sociale] à entraver le développement — sinon à empêcher la formation — de toute individualité qui ne serait pas en harmonie avec ses mœurs et à façonner tous les caractères sur un modèle préétabli ». L'individualité se trouve sommée de renoncer à sa possible originalité et de se couler dans le moule social qui lui est présenté. La logique englobante du conformisme n'est pas seulement l'adhésion passive, soumise et grégaire, du grand nombre à une certaine façon de vivre et de penser, mais se révèle négation haineuse et obstinée de la différence, de l'excentricité, négation qui s'attache insidieusement à ramener l'autre au même. En outre, elle accomplit une sorte d'étouffement qui gêne, entrave le développement de toute individualité qui ne correspondrait pas aux canons sociaux en vigueur. Mill énonce en une formule frappante : «que si peu de gens osent maintenant être excentriques, voilà qui révèle le principal danger de notre époque»! L'opinion dominante constitue, à l'âge démocratique, la pire menace qui soit pour la liberté et la diversité individuelles car elle noie «dans l'uniformité tout ce qu'il y a d'individuel chez les hommes». Mais, est-ce là le premier et dernier mot de Mill s'agissant de l'idée même d'opinion ?

2.

Opinion

Sous la plume de Mill revient sans cesse le terme d'opinion. Mais, assez souvent, le mot se trouve accompagné d'un adjectif : il est par exemple question, au début de notre chapitre, de «l'opinion publique», un peu plus loin de «l'opinion reçue» (*received opinion*) mais aussi de «l'opinion vraie». Cette fréquence est l'indice d'une double difficulté. D'abord, à l'encontre d'une certaine tradition platonicienne, Mill n'établit pas de solution de continuité entre l'opinion et la science, ou la connaissance ; c'est ce qui explique qu'une opinion puisse être vraie et garantie, sous certaines conditions. Mais, s'il est légitime d'associer ainsi croyance et connaissance, il faudra pouvoir indiquer avec précision ce qui distingue toute opinion fausse, dont l'un des traits consiste précisément à se donner de façon exclusive comme la vérité même, d'une opinion vraie à proprement parler. Ensuite, Mill confère au terme d'opinion une considérable extension, au point qu'il est malaisé d'accorder au terme un semblant d'unité. Du point de vue de la connaissance et de l'accès à la vérité, l'opinion est foncièrement ambivalente et peut se présenter aussi bien comme une condition indispensable que comme un obstacle de taille. Plus largement, l'opinion qualifiée de reçue, ou de dominante, désigne un véritable système de croyances partagé par une grande partie du peuple à l'intérieur d'une communauté donnée. L'opinion dominante, se constituant en norme sociale, induit une certaine façon d'agir et de sentir qui tend de façon totalisante à exclure toute opinion divergente, jugée, dès lors, hérétique : l'opinion dominante est proprement orthodoxie. Mais le même terme peut également désigner des doctrines religieuses et morales, ainsi lorsque Mill, réfléchissant à l'incorporation réussie d'une doctrine religieuse dans une société, écrit : « La doctrine a trouvé sa place, sinon comme l'opinion reçue, du moins comme l'une des sectes ou divisions admises de l'opinion. » On constate que la complexité de ce terme est, sans doute, comme la marque de la pluralité des aspects du phénomène de la croyance.

1. *Censure et circulation des opinions*

Mill, au tout début du texte, s'attache à préciser les liens entre la vérité et l'opinion en se demandant si les opinions qu'un individu professe sont sa propriété ou sa possession. Mill entend ici montrer que celui qui porte publiquement une opinion, quelle qu'en soit la nature, n'en est ni le propriétaire ni le possesseur. De ce point de vue, mes opinions ne sont jamais miennes. Si telle opinion se trouvait censurée et dans l'incapacité de circuler largement dans l'espace public, on pourrait dire, de prime abord, que la situation faite à celui qui la professe est comparable à celle d'un propriétaire terrien qui ne pourrait plus jouir de ses champs suite à la décision arbitraire d'un pouvoir qui lui en interdirait l'accès. Il s'agirait alors seulement, dans les deux cas ainsi rapprochés, « d'un dommage privé ». Mais, comme le note Mill, faire taire une opinion « revient à voler l'huma-

nité ». Cette formule signale que toute opinion est susceptible d'être porteuse d'une dimension positive pour l'humanité entière. Faire valoir une opinion permet de la
soumettre à un débat ouvert, contradictoire et enrichissant
pour l'espace public. Les censeurs ne s'aperçoivent pas
qu'ils se privent eux-mêmes des possibles bienfaits de l'opinion qu'ils veulent faire taire, de sorte que, volant l'humanité, ils se volent aussi bien eux-mêmes. De deux choses
l'une : soit l'opinion est vraie, et alors la faire taire revient
à persister dans l'erreur ; soit elle est fausse et, en ce cas,
les censeurs perdent « un bénéfice aussi considérable », à
savoir : « une perception plus claire de la vérité [...] que
produit sa confrontation avec l'erreur ». Mill défend la
libre circulation des opinions moins directement au nom
d'une forme accueillante d'organisation sociale qu'au
nom d'une certaine conception de la nature de la vérité et
de la façon dont on peut l'atteindre. Un lien, en tout cas,
est tissé entre la structure de la société et l'établissement
de la vérité. Pour s'en convaincre, considérons la façon
dont Mill envisage les conditions qui permettent aux
hommes d'atteindre une vérité quelconque.

2. *L'humanité perfectible*

Mill pose une question étrange : à étudier « l'histoire de
l'opinion » ou « le cours ordinaire de la vie humaine », où
sautent aux yeux erreurs et errements, comment expliquer
que « l'une et l'autre ne soient pas pires » ? Comment
rendre compte du constat qui énonce que, tout bien pesé,
il y a « globalement prépondérance des opinions et des
conduites rationnelles dans l'humanité » ? La réponse
tombe avec clarté : l'homme est un être capable de « corriger », de « rectifier » ses erreurs. Ne tenons pas cette
réponse pour allant de soi. Elle présuppose de penser
l'homme comme un être foncièrement faillible et de considérer qu'aucun homme, aussi sage ou intelligent soit-il,
n'est capable à lui seul de découvrir la vérité toute pure et

nue. La faillibilité de l'homme appelle, au fond, la per-
fectibilité de l'humanité. Partant, c'est uniquement par
l'entremise d'un processus toujours renouvelé de correc-
tion de leurs propres erreurs que les hommes peuvent
s'avancer vers la vérité. Les instruments de ce processus
sont, à suivre Mill, la discussion et l'expérience. Mais
encore faut-il que ces instruments soient « à portée de
main » et qu'ils donnent toute leur mesure afin qu'à
son tour cette « qualité de l'esprit humain » soit à même
de s'exprimer pleinement. Mill décrit donc une sorte
d'éthique intellectuelle au cœur de laquelle sont sollicitées
de façon rigoureuse les capacités rationnelles de l'être
humain. Il importe, au premier chef, de « demeurer ouvert
aux critiques sur ses opinions et sa conduite » ; autrement
dit, on discerne ici une attitude de réceptivité, mais aussi
d'humilité, par laquelle l'individu se rend disponible à ce
que l'autre peut lui apporter. En accueillant ce que l'autre
dit, en considérant que l'autre a quelque chose d'important à lui dire sur lui-même, sur sa façon de vivre, l'individu entreprend en fait de se transformer, d'opérer un
décalage vis-à-vis des normes sociales héritées dont il est
imprégné. S'agissant ensuite de l'accès « à la connaissance
exhaustive d'un sujet », il lui faut également « écouter ce
qu'en disent des personnes d'opinions variées » et rendre
compte de la façon dont « différentes formes d'esprit »
approchent ledit sujet. Il est alors un scepticisme de bon
aloi qui, « loin de susciter doute et hésitation », doit permettre à l'individu de prendre l'habitude de penser contre
sa façon ordinaire de penser, en s'efforçant, autant qu'il
est possible, d'occuper la place des autres, de multiplier les
points de vue possibles sur un sujet donné afin d'échapper
à toute approche partielle et unilatérale. Du même fait,
cette procédure intellectuelle garantit la « fiabilité » du
jugement de l'individu dans la mesure précise où il aura
constamment veillé « à corriger et compléter systématiquement son opinion en la comparant à celle des autres ».
On comprend qu'une telle démarche intellectuelle fait

nombre avec la possibilité socialement favorisée de la libre discussion. Mill peut donc opposer la démarche qui consiste à présumer vraie une doctrine ou une opinion en vue d'empêcher toute discussion contradictoire à son sujet, et la démarche consistant à tenir vraie une opinion parce que cette opinion « a survécu à toutes les réfutations » auxquelles elle a pu et dû faire face précisément parce que la pratique sociale de la libre discussion est protégée et assurée. Mais, quelle entente Mill a-t-il au juste de l'idée même de vérité ?

3. Libre discussion et faillibilisme

Disons, par avance, que la position de Mill anticipe étonnamment certaines idées du philosophe des sciences Karl Popper (1902-1994) et qu'elle s'apparente à ce qu'on nomme souvent, en philosophie de la connaissance, le faillibilisme. Mill écrit que « les croyances pour lesquelles nous avons le plus de garantie n'ont pas d'autre sauvegarde qu'une invitation constante au monde entier de les prouver non fondées ». En d'autres termes, les croyances vraies, justifiées ou garanties, que l'humanité peut obtenir ne sont jamais absolument et définitivement fondées, elles pourraient aussi bien s'avérer fausses. Donc, en soumettant nos croyances à la possibilité permanente de la réfutation, nous nous dotons de la seule garantie vraiment adéquate à la faillibilité humaine. Une croyance qui a été soumise à un échange contradictoire et qui est malgré tout parvenue à passer ce test peut être tenue, à bon droit, pour vraie et justifiée, à condition qu'il demeure possible à l'avenir de la soumettre à pareil examen, examen qui, peut-être alors, établira sa fausseté. Toute croyance est donc vraie en ceci qu'elle n'a pas encore été à ce jour réfutée. Plusieurs remarques s'imposent. D'abord, Mill rompt avec toute idée d'une séparation rigide entre la connaissance (*épistème*) qui, par nature, ne peut s'avérer fausse et l'opinion (*doxa*) faillible par principe. Ensuite, il dessine les contours de ce qui constituera le cœur de la théorie de la découverte scientifique développée par Karl Popper. Dans son ouvrage *La Logique de la découverte scientifique* (1935), Popper considère qu'une science digne de ce nom opère et progresse selon un processus de falsification. Il importe, selon lui, pour la science, de formuler des hypothèses audacieuses et risquées et de s'attacher, non pas à les confirmer, mais à les réfuter, ou à les falsifier, par l'entremise de tests expérimentaux. Mais il y a plus. Même si le propos de Mill ne porte pas spécifiquement sur la logique scientifique et même si l'usage qu'il fait du concept de vérité englobe d'autres domaines de l'expérience humaine, il est patent qu'il réfléchit sur les conditions sociales favorisant la connaissance scientifique. On peut, dès lors, penser que la société que Mill appelle de ses vœux est une préfiguration de ce que Popper nommera « la société ouverte ». La société ouverte est un idéal type de l'organisation sociale (c'est-à-dire qu'aucune société humaine dans l'histoire ne correspond exactement au type donné) dont on peut esquisser les principaux traits. Il s'agit d'une société en progrès indéfini, qui ne cesse de chercher à se remettre en cause, qui pratique systématiquement l'esprit critique et qui accompagne généreusement la différenciation individuelle en laissant à la disposition de chaque individu un large périmètre pour développer effectivement son autonomie. *A contrario*, nous dit Popper, la société close est attachée à l'autorité, s'avère peu tolérante à la différenciation individuelle, et cherche plutôt à se perpétuer identique à elle-même. Cette distinction, pour sommaire qu'elle soit, permet néanmoins de saisir deux régimes différents de l'opinion. L'opinion apparaît comme la pire et la meilleure des choses. Ou bien elle se présente comme l'opinion reçue et autorisée et, par suite, elle est incontestable, indiscutable, cherchant autoritairement à interdire toute opinion adverse et à s'imposer à tous les esprits. Ou bien elle est ce qui s'offre à la discussion et est reconnue comme le chemin conflictuel vers la vérité. L'opinion est donc à la fois ce qui nous permet d'avancer vers la vérité lorsqu'elle accepte de se soumettre à la discussion critique, et ce qui nous en éloigne lorsqu'elle se montre rétive à toute discussion contradictoire. Cette clarification pose, en creux, le problème de la tolérance. Mill, en défendant la liberté des individus de conduire comme bon leur semble leur existence et leur liberté d'opinion sur tout sujet, plaide sans nul doute pour une défense et une extension de la tolérance. C'est d'abord au nom de la recherche de la vérité qu'il faut accepter largement la pluralité des opinions en matière morale, politique et religieuse. C'est ensuite au nom du fait pleinement reconnu de la diversité humaine qu'une société bien ordonnée doit accepter en son sein la multiplicité d'expériences de vie différentes, même si la conduite de tel individu apparaît aux yeux des autres «insensée, perverse ou mauvaise». Puisque les individus sont différents, qu'ils développent des conceptions différentes de la vie bonne, alors la souveraineté de chacun sur la sphère qui lui est impartie implique l'acceptation sociale du pluralisme moral. Il importe de justifier en détail l'appel de Mill à une défense et à une extension de la tolérance.

3.

Tolérance

À propos des «grandes questions de la vie pratique», à savoir des débats autour de «la propriété» et de «l'égalité», de «la coopération» et de «la compétition», du «luxe» et de «l'abstinence» Mill écrit : «Je suis conscient qu'il n'y a dans ce pays aucune intolérance en matière de différences d'opinions sur la plupart de ces sujets.» Il écrit également que les libertés de penser, de parler et d'écrire «constituent dans une large mesure la

morale politique de tous les pays qui professent la tolérance religieuse et les libres institutions ». À s'en tenir à ces
seuls passages, on peut avoir le sentiment que la tolérance
constitue, y compris au sein de l'Angleterre victorienne, un
acquis largement reconnu. Si Mill s'attache à défendre la
tolérance qui forme comme un socle relativement solide
issu de l'histoire, c'est parce qu'il lui semble qu'une forme
nouvelle d'intolérance menace singulièrement un certain
secteur de la pensée, celui qui a trait aux principes de la
morale.

1. *Intolérance et stigmatisation*

Mill diagnostique dans l'Angleterre victorienne, une
« renaissance de la bigoterie » qu'il définit comme un
« puissant levain d'intolérance qui subsiste dans les classes
moyennes ». Il n'est pas interdit de penser que Mill a souffert de ce conformisme étouffant en raison de la relation
peu conventionnelle qui le lia à Harriet Taylor durant
vingt et une années, alors que celle-ci était mariée. Ce
n'est qu'en 1851 que Mill épouse Harriet, soit deux ans
après la mort du mari, John Taylor. L'intolérance sociale
se manifeste par la loi et à l'occasion de condamnations
judiciaires mais, plus profondément, elle opère par la stigmatisation sociale. Mieux : la persécution légale a pour
principal effet de « renforcer » l'emprise et l'empire de la
stigmatisation sociale. Mill donne, certes, des exemples de
condamnations pour délit d'opinion, ainsi le cas d'un certain Thomas Pooley, par ailleurs « connu pour sa conduite
irréprochable », condamné en 1857 à « vingt et un mois
d'emprisonnement pour avoir [...] écrit sur une porte
quelques mots offensants à l'égard du christianisme ». Mais
« aussi efficace » que la loi, c'est la stigmatisation sociale qui
constitue le principal vecteur du renouveau de l'intolérance. Quels sont les effets de ce contrôle social qui passe
par la flétrissure publique de certaines opinions et de ceux
qui les professent ? Mill écrit : « Notre intolérance sociale

ne tue personne, n'extirpe aucune opinion, mais elle incite les hommes à déguiser les leurs et à ne rien entreprendre pour les diffuser. » Ceux qui dépendent fortement de leurs concitoyens, ne serait-ce que « pour gagner leur pain » ou parce qu'ils attendent « la faveur […] du public », ceux-là vont pratiquer sur eux-mêmes une autocensure et s'interdire de dire ce qu'ils pensent de peur d'être stigmatisés. Il faut bien saisir que l'intolérance est, aux yeux de Mill, un mal social considérable. Même si l'âge des grandes persécutions paraît heureusement révolu, ce qui en demeure, ces « lambeaux et restes de persécution », nous fait, déplore-t-il, « peut-être toujours autant de mal ». Les opinions dominantes ne sont guère perturbées par de possibles opinions hérétiques, mais « le prix de cette sorte de pacification intellectuelle est le sacrifice de tout le courage moral de l'esprit humain ». Avec l'autocensure généralisée et le fait que les opinions hérétiques vivotent dans les cercles étroits où elles sont apparues, vient le temps où pullulent les « esclaves du lieu commun » (*mere conformers to commonplace*) et les « opportunistes de la vérité ». Les premiers se sont rendus littéralement incapables de penser par eux-mêmes ; les seconds, qui dissimulent leurs convictions par opportunisme et se plaisent à dire à leurs interlocuteurs ce qu'ils souhaitent entendre, abandonnent le courage élémentaire de la pensée. L'état général ambiant est alors celui de la peur et de la stagnation, stagnation indissociable d'une « atmosphère d'esclavage intellectuel » car la société se dépossède des seuls moyens dont elle dispose en vue d'accomplir un progrès moral et intellectuel. Comme souvent, Mill pense que ceux qui ont finalement le plus à perdre avec le silence des « hérétiques » sont moins les « hérétiques » eux-mêmes que « les bien-pensants » qui, justement, croient qu'ils ont tout à gagner à cette situation morne et hypocrite de complète atrophie. Parallèlement à cette analyse sans concession de la société de son temps, il développe une réflexion sur la morale chrétienne, ou cela qui se nomme ainsi, et qui constitue la source de cette nouvelle intolérance.

2. *Réflexions polémiques sur la morale chrétienne*

Mill affronte, vers la fin de notre texte, une objection qui avance que «la morale chrétienne [...] contient toute la vérité [...] et [que] si quelqu'un enseigne une morale différente, il est complètement dans l'erreur». Mill, d'une part, tient l'objection pour décisive car apte à «mettre à l'épreuve la maxime générale» qu'il développe. D'autre part, il met en place une argumentation subtile qui vise à établir que ce qui est ordinairement appelé morale chrétienne ne contient pas toute la vérité morale. Une morale satisfaisante et complète exigerait de modifier et de parfaire la morale chrétienne. La morale chrétienne est-elle la morale figurant dans le Nouveau Testament? À l'évidence, non car «l'Évangile se réfère toujours à une morale préexistante»; il corrige, amende la morale de l'Ancien Testament. Ou bien alors, comme l'admet saint Paul, il peut s'articuler à la morale gréco-romaine. Plus largement, il est, selon Mill, impossible d'extraire de l'Évangile une morale précise et complète parce que ce qu'on y trouve est exprimé «en termes généraux». Mill s'attache ensuite à montrer que la morale chrétienne est le produit de «l'Église chrétienne des cinq premiers siècles», et non l'œuvre du Christ et des apôtres. Elle est «une morale théologique» et, comme telle, a pu subir des modifications au cours des temps. Mill tient alors le discours suivant : d'un côté, la morale chrétienne n'est autre qu'une morale théologique à laquelle l'humanité doit certainement beaucoup; d'un autre côté, cette morale est à la fois réactive car elle consiste en une protestation contre le paganisme, soucieuse d'inculquer aux hommes une attitude d'obéissance passive et, surtout, elle est partiale et incomplète. Selon Mill, pour obtenir une doctrine morale plus satis-

faisante, il faut adjoindre à cette doctrine d'autres éléments comme, notamment, les devoirs du citoyen envers
l'État. Mill semble peut-être avoir en vue la perspective
idéale d'une religion de l'humanité qui inclurait quantité
de préceptes non chrétiens ainsi que l'essentiel de l'enseignement du Christ. Il voit surtout dans le Christ un
réformateur et un guide pour l'humanité. On notera, dans
la même veine argumentative, que Mill veut faire comprendre aux chrétiens de son temps que leur foi a beaucoup à perdre si elle n'a pas l'occasion de se frotter, de
s'affronter à des croyances morales qu'elle récuse par
ailleurs. Il note, de façon acerbe, que la vie, la vigueur et
la force des croyances chrétiennes sont émoussées et
qu'elles sont devenues de simples «formules», des «mots
dépourvus de sens» et de sève. Dans l'existence concrète
et effective de bien des croyants, dans les actions qu'ils
accomplissent jour après jour, la doctrine chrétienne est
crue et suivie pour autant qu'elle est accordée à ce qui est
ordinairement pratiqué, aux coutumes qui prévalent. Le
croyant dispose d'une «collection de maximes éthiques»
à laquelle il «donne son hommage» et d'un «ensemble de
jugements et pratiques habituels», constituant «un compromis» entre «la foi chrétienne» et «les intérêts de la vie
matérielle», auquel il donne son «obéissance effective».
Mais, au-delà de la polémique avec le christianisme et le
souci de mettre au jour une morale complète, on retien-
dra que la défense par Mill de la tolérance découle de sa
rigoureuse prise en compte de la diversité irréductible des
individus. Comme il le souligne fortement, «le libre développement de l'individualité» est «un élément et une
condition nécessaires» de la civilisation, «l'un des principes essentiels du bien-être» tant individuel que collectif.

L'œuvre dans l'histoire des idées

De l'utilitarisme au féminisme

IL EST FRÉQUENT d'appréhender l'œuvre de John Stuart Mill de deux façons. D'un côté, on loue l'importance de travaux vénérables tels que le *Système de logique* ou les *Principes d'économie politique*. D'un autre côté, on parle d'une œuvre déchirée entre des orientations contradictoires, entre libéralisme et utilitarisme, entre élitisme et démocratie, et qui est le fruit d'un philosophe lui-même désespérément éclectique ! Sans nier les tensions nombreuses qui habitent et travaillent la pensée de Mill, on essaiera, en s'attachant à l'ouvrage sur la liberté, de mettre au jour les principales lignes de force de sa réflexion, qui confèrent une visée cohérente à sa démarche.

1.

L'utilitarisme

Outre un mouvement social et politique dont Mill a été, au cours du XIXe siècle, l'un des principaux animateurs, l'utilitarisme est une théorie morale de première importance toujours vivace. Il importe d'écarter d'emblée quelques idées reçues qui ont souvent interdit d'accorder toute sa place à ce courant de pensée. L'utilitarisme ne procède nullement d'une démarche bassement utilitaire, comme lorsqu'on parle, couramment, de l'attitude égoïste et intéressée de quelqu'un. Il n'est pas non plus réductible à une doctrine bourgeoise, défendant le capitalisme, contrairement à la fameuse formule de Karl Marx (1818-1883), au livre I du *Capital* : « Liberté, égalité, propriété et Bentham ! » Marx va même jusqu'à dire que Jeremy Bentham (1748-1832) « pose comme homme normal le petit-bourgeois moderne, et spécialement le petit-bourgeois anglais ». Enfin, les philosophes qui font leur la doctrine utilitariste ne correspondent pas à la plaisante caricature qu'en peut donner Charles Dickens (1812-1870), dans *Les Temps difficiles*, en la personne du professeur Gradgrind, soucieux exclusivement des faits. Tâchons alors d'établir les traits principaux de cette théorie dans laquelle s'inscrit pleinement Mill et qu'il modifie, néanmoins, de façon remarquable.

1. *Bentham*

Jeremy Bentham (1748-1832), fondateur de l'utilitarisme comme doctrine à part entière, développe une position hédoniste, comme on peut le lire dans l'*Introduction aux principes de morale et de législation* : « La nature a placé l'humanité sous l'empire de deux maîtres, la peine et le plaisir [plaisir se dit en grec *hedonè*] ; c'est à eux qu'il appartient de nous indiquer ce que nous devons faire comme de déterminer ce que nous ferons ; d'un côté, le critère du bien et du mal, de l'autre, la chaîne des effets et des causes sont attachés à leur trône [...] le principe d'utilité reconnaît cette sujétion et la prend pour fondement de ce système dont l'objet est de construire la félicité au moyen de la raison et du droit. » Bentham prétend, à partir d'une connaissance qui se veut scientifique des conduites humaines, faire apparaître les voies et moyens qui permettraient à un législateur de constituer un arsenal de lois, favorisant le plus grand bonheur du plus grand nombre. Ce faisant, il tient que les hommes sont naturellement guidés par leurs propres intérêts mais qu'il est aussi possible de les orienter dans le sens de comportements qui accroissent le bonheur général, et non simplement leur bonheur personnel. Il s'agit de parvenir à produire, dans une logique de maximisation du bien, une sorte de compatibilité générale des plaisirs humains, au prix sans doute de quelques douleurs, et de combattre ceux des plaisirs qui compromettraient la perspective de la plus grande félicité du tout. Bentham envisage donc, à la suite de Cesare Beccaria (1738-1794), une réforme profonde de la justice pénale, des délits et des peines, qui s'appuie sur l'utilité sociale. La peine qui frappe le voleur n'est pas le fait d'un désir de vengeance qui ne dit pas son nom mais s'ancre dans un raisonnement simple : en faisant du vol un délit, en faisant de la peine un instrument de dissuasion, on sacrifie le plaisir du voleur potentiel mais on assure le plus grand bonheur des individus. Le juge, ou le législateur, doit réfléchir à des peines dont les effets négatifs sont largement compensés par les effets positifs. Le châtiment légal est approché du point de vue des conséquences sociales futures qu'il pourra prévenir ou favoriser, et moins du seul point de vue de la réparation de la victime. Par suite, on aperçoit que Bentham ne fait pas l'apologie de l'égoïsme puisque s'exprime une exigence d'impartialité, dont Mill rend bien compte en écrivant que « l'utilitarisme exige, entre son propre bonheur et celui des autres, d'être aussi impartial qu'un spectateur désintéressé et bienveillant le serait ». Puisque l'utilitarisme peut être décrit, loin de tout travestissement facile, comme un hédonisme conséquent, qui considère l'homme tel qu'il se donne et qui est, somme toute, porteur d'un projet social ambitieux, il nous faut mesurer l'ampleur et la nature de l'éloignement qu'accomplit Mill vis-à-vis de ce socle intellectuel qui fut originairement le sien.

2. *Contre Bentham, un utilitarisme indirect*

En quoi Mill se sépare-t-il de Bentham et de son père tout en restant utilitariste ? On peut avancer que l'utilita-

risme original que développe Mill est un utilitarisme indirect. Plusieurs passages de son œuvre l'indiquent. À la
toute fin du *Système de logique*, on lit : « Je n'entends pas
affirmer que le bonheur doive être lui-même la fin de
toutes les actions, ni même de toutes les règles d'action ; il
est la justification de toutes les fins et devrait en être le
contrôle, mais il n'est pas la fin unique. » Cette phrase
signifie au moins deux choses. D'une part, Mill n'aban-
donne nullement l'idée utilitariste selon laquelle le bonheur est la fin suprême, ou le but ultime, de la vie. Mais
d'autre part, il reconnaît implicitement que si l'on fait du
bonheur la fin directe de l'existence, on se condamne à
ne pas l'atteindre. Dit autrement, toute règle qui prescri-
rait la poursuite directe du bonheur, et c'est là le tort de
Bentham, ne permettrait pas d'obtenir la fin visée. Comme
le remarque Mill dans son *Autobiographie* (1873) : « Deman-
dez-vous si vous êtes heureux et vous cesserez de l'être » ;
il importe donc « de traiter non pas le bonheur mais
quelque but qui y est extérieur, comme la fin dernière de
la vie ». Mill fait place à des fins, ou à des buts, secondaires
qui sont néanmoins poursuivies par l'individu comme des
fins qui ont une valeur en soi. Expliquons ce point.
Puisque le bonheur ne peut être effectivement atteint qu'à
la condition de ne pas être visé directement et puisqu'il est
et reste la fin suprême de la vie humaine, alors une place
doit être aussi accordée à la culture personnelle, ou à la
culture de soi, de l'individu. À ce compte, le bonheur
sera obtenu comme en chemin, dès lors que l'accès aux
fins que poursuit l'individu et qu'il poursuit en vue d'elles-
mêmes constituent autant d'éléments du bonheur. En
considérant une autre fin que le bonheur en tant que tel
et qui forme le but de la vie individuelle, on est en mesure
« de respirer le bonheur avec l'air qu'on inhale » (*inhale
happiness with the air you breathe*). Ou encore : « Ceux-là
seuls sont heureux qui ont l'esprit occupé d'autre chose
que de leur propre bonheur ; de celui d'autrui, des pro-

grès de l'humanité, même de quelque art ou intérêt, suivi non comme un moyen mais comme une fin idéale en soi. »

3. *Le caractère*

Au niveau des actions individuelles et des motivations, l'utilitarisme indirect énonce donc qu'existe une pluralité de fins. Il énonce également que le bonheur demeure l'unique critère s'agissant de l'évaluation morale et de la justification des actions. On découvre alors toute l'importance accordée par Mill à la notion de caractère, profondément liée à celle de culture de soi et ignorée par Bentham, ainsi qu'à la distinction entre des qualités différentes de plaisirs. Arrêtons-nous sur ce premier aspect. Dans le *Système de logique*, Mill écrit que « le caractère lui-même devrait être, pour l'individu, une fin suprême, simplement parce que cette noblesse de caractère parfaite ou approchant de cet idéal chez un grand nombre de personnes contribuerait plus que tout autre chose à rendre la vie humaine heureuse ». Le caractère n'est nullement une nature fixe qui déterminerait l'individu. Au contraire, comme il est précisé dans le *Système de logique*, « le caractère d'un homme est formé par les circonstances de son existence […], mais son désir de le façonner dans tel ou tel sens est aussi une de ces circonstances, et non la moins influente ». Si des hommes nous placent dans telles ou telles circonstances, « nous pouvons pareillement nous placer nous-mêmes sous l'influence d'autres circonstances » et, par suite, « nous sommes exactement aussi capables de former notre propre caractère, si nous le voulons, que les autres de le former pour nous ». La culture de soi consiste, pour chaque individu, à explorer le mélange singulier et unique des qualités génériques humaines le constituant et à développer un certain caractère, au niveau duquel s'articuleront, d'une manière qu'il aura lui-même choisie, ces qualités siennes. Mill attache une importance particulière à des êtres humains chez qui les qualités génériques les plus hautes sont supérieurement développées. Comprenons bien que l'idée de culture de soi comprend tant la formation des qualités analytiques et intellectuelles que de la sensibilité et des sentiments. Cette approche est liée à une intéressante distinction entre plaisirs intellectuels et plaisirs sensuels. Au chapitre 2 de *L'Utilitarisme*, Mill, s'attachant à mettre au jour une compréhension plus profonde du bonheur que celle de l'utilitarisme classique, introduit l'idée d'une différence de qualité entre les plaisirs, sans se borner à une différence relevant simplement de la quantité, de l'intensité et de la durée. Il y aurait alors des plaisirs bas et des plaisirs plus élevés, de qualité supérieure. Par conséquent, la culture de soi fraye la voie à des plaisirs humains nobles ou supérieurs. Le souverain bien reste, certes, le plaisir, et, à sa suite, le bonheur. Toutefois, le bonheur véritablement humain ne consiste pas à ajouter les unes aux autres de frustes satisfactions : « Peu de créatures humaines consentiraient à être changées en l'un quelconque des animaux inférieurs en échange de la promesse de la quantité maximale des plaisirs de la bête. » Plus largement, la double affirmation de la multiplicité des fins au sein de la culture de soi et de la différence qualitative des plaisirs appelle une réflexion sur l'organisation des sociétés humaines qui permettrait à une très large majorité d'individus de réaliser librement leurs potentialités. C'est là tout l'enjeu de *De la liberté*.

2.

Lectures de *De la liberté*

De nombreuses critiques ont été adressées au texte de Mill. On voit mal, au premier chef, comment concilier une profonde orientation libérale soucieuse de la liberté de l'individu avec un point de vue utilitariste. L'utilitarisme, au nom du plus grand bonheur du plus grand nombre, peut exiger le sacrifice de la liberté individuelle. Mais Mill répondrait, sans doute, que l'utilité « dans son sens le plus large », telle qu'il la met en avant est justement celle de l'homme pensé comme un être de progrès, et que le principe de liberté entérine rigoureusement l'assomption selon laquelle le bonheur humain passe par la libre culture de soi d'une diversité d'individus singuliers. Sans prétendre à l'exhaustivité, examinons de plus près quelques-uns des principaux reproches faits à Mill.

1. *Critiques*

Dès la publication en 1859 de *De la liberté*, les lectures qui en ont été faites ont, le plus souvent, souligné les contradictions dans lesquelles Mill serait tombé. On a aussi peu apprécié la thèse assimilant la morale chrétienne à un « dogme mort ». L'écriture de notre texte s'inscrit, souvenons-nous-en, dans des circonstances historiques caractérisées par l'affirmation d'un puissant conformisme social qui laisse peu de place à la liberté des individus et qui compromet le développement d'originalités singulières. Le propos de Mill trouve son origine et sa justification dans un diagnostic établi à propos de cette lourde tendance socio-historique. Cependant, de nombreux critiques ont contesté la pertinence et la validité de ce diagnostic et, du même coup, ont voulu ôter au remède avancé par Mill sa force et son tranchant. Mentionnons celle du juriste James Fitzjames Stephen, qui intervient sans doute en 1873, année même de la mort de notre philosophe, mais qui retrouve cette ligne argumentative contemporaine de la publication du texte. Stephen prétend que Mill « a nettement tort lorsqu'il avance, comme un fait incontestable, que l'originalité de caractère a cessé d'exister ». Autrement dit, l'analyse millienne serait fausse, car excessive et inutilement porteuse de peurs imaginaires. Si l'on refuse de suivre Mill lorsqu'il soutient que la liberté individuelle est

affrontée à une menace nouvelle, on défait littéralement
le socle sur lequel repose le texte, tout comme l'on juge
finalement dérisoire l'appel au sursaut qu'il contient.
Cependant, il est possible de discerner dans certains passages de l'*Autobiographie* des éléments susceptibles de montrer le caractère infondé d'une telle approche. Mill y
précise plusieurs points importants. Quelle est, au juste, la
seule et unique vérité dont notre texte est porteur? Sont
affirmées «l'importance pour l'homme et la société d'une
grande variété de types de caractères» et celle qu'il y a à
«accorder pleine liberté à la nature humaine de se
déployer dans des directions innombrables et conflic-
tuelles». Voilà l'unique vérité qui est visée. À suivre Mill,
l'époque à laquelle a été écrit et publié *De la liberté* n'avait
nul besoin de la proclamation d'une telle vérité. Ce disant,
il reconnaît le caractère anachronique, et comme décalé,
de son texte, semblant donner raison à ses détracteurs! Il
écrit toutefois, avec subtilité, que «rien ne montre mieux
combien sont profonds les fondements de cette vérité que
la forte impression que fit le dévoilement de ladite vérité
en un temps qui, pour les observateurs superficiels, ne
semblait pas avoir grand besoin d'une telle leçon». Les
détracteurs et critiques sont caractérisés par leur superfi-
cialité. Ils ne voient que la surface des processus historiques; aveuglés par les faits actuels et présents, ils sont
imperméables aux tendances profondes. Le texte de Mill
suppose un diagnostic qui mobilise une compréhension
précise du devenir historique, inspirée par les écrits
d'Auguste Comte (1798-1857). Mill écrit dans une certaine
époque, au cœur de laquelle il devine des tendances
sourdes; cela ne signifie pas que la vérité proposée soit
pleinement et adéquatement destinée à cette même
époque. Mill tient l'époque à laquelle il vit pour une
période critique et de transition. Or, par nature, de telles
périodes ont pour fonction de dissoudre les opinions qui
prévalaient avant elles. Elles sont alors plutôt ouvertes à de
nouvelles opinions, qui viennent, précisément, contester

les anciennes croyances. Mill note d'ailleurs que son époque «a offert aux [nouvelles opinions] une réception bien moins pétrie de préjugés que ce à quoi elles avaient dû s'affronter auparavant». Par conséquent, il faut, en faisant montre d'un sens historique dont les critiques de Mill semblent dépourvues, apercevoir que toute époque de transition est transitoire. Il faut s'attendre à voir apparaître, succédant à de telles époques, des époques dans lesquelles une certaine doctrine «rassemble autour d'elle la majorité» et «organise les institutions sociales et les modes d'action en conformité avec ce qu'elle est». À une période critique succède nécessairement une période organique. C'est pour l'avenir qu'écrit Mill ou, plus exactement, en vue d'un avenir qui aura besoin que soient défendues la liberté et l'originalité des individus. L'état social idéal doit, selon lui, pouvoir conjoindre le règne de croyances solidement partagées par le plus grand nombre et celui d'une pleine liberté d'action et de discussion accordée aux individus.

2. *Cohérence du texte de Mill*

Mais, il est aussi un autre aspect de l'attaque de Stephen, plus original et plus fort, consistant à opposer le jeune Mill au Mill de la maturité, ou encore à opposer à l'étrange alliage de libéralisme et d'utilitarisme qu'invente notre texte l'orthodoxie utilitariste incarnée par le père de John Stuart, James Mill (1773-1836). On peut, à bon droit, tenir Stephen pour un disciple déçu de Mill, qui s'attache à dénoncer violemment ce qu'il tient pour de nombreuses incohérences. Il lui reproche d'avoir trop peu accordé d'importance à l'expérience et aux faits, ce qui rend contestable la façon dont est approchée la liberté individuelle. Selon Stephen, les avantages et désavantages de la liberté devraient être suspendus au temps, au lieu et aux circonstances que l'on considère. Mill accentuerait alors les bienfaits que la liberté procure tout en méconnaissant les inconvénients qu'elle porte. Le principe de liberté serait donc un principe *a priori* et absolu, détaché par nature des faits et de l'expérience. La société pourrait avoir avantage à faire un bon usage de la contrainte pour, par exemple, protéger la morale et la religion ou pour permettre à une minorité éclairée de faire le bien du commun des hommes. Stephen campe résolument sur des positions conservatrices et utilitaristes, qu'il tient pour indissociables. Pour lui, le bonheur du plus grand nombre, rigoureusement considéré, ne permet pas d'accorder à la liberté une valeur intrinsèque et spécifique. Toutefois, plusieurs remarques peuvent être avancées pour limiter la portée de ces critiques. Mill ne cesse d'en appeler à l'expérience et à l'histoire. Par suite, le principe de liberté s'appuie sur celles-ci. Il s'agit, sans jamais cesser de mobiliser des bases empiriques, de faire remarquer que la contrainte et la coercition, qui s'exercent sur les actes ne concernant que l'agent, c'est-à-dire sur une certaine catégorie bien délimitée d'actes, sont toujours néfastes. Ce qui signifie que l'utilité que l'on escompte retirer de la coercition ne compense jamais le mal qui résulte, tout bien considéré, de cette même coercition. Si l'on admet qu'il est des actions qui ne regardent que l'individu, alors on peut avancer que le fait de laisser l'individu libre d'agir est bénéfique pour lui comme pour la société. C'est toujours l'expérience qui nous apprend que la protection d'une telle sphère d'indépendance est essentielle au déploiement des facultés humaines. Sans doute Stephen refuse-t-il d'accepter la conception que se fait Mill de la nature humaine. L'homme, pour notre philosophe, « n'est pas une machine qui se construit d'après un modèle et qui se programme pour faire exactement le travail qu'on lui prescrit, c'est un arbre qui doit croître et se développer de tous côtés ». Plus fondamentalement, on peut conjecturer que la radicalité du projet de Mill soit n'a pas été aperçue, soit a été, plus ou moins consciemment, sous-estimée, pour la raison, sans doute, que la défense de la liberté des individus, en vue de leur épanouissement, concernait aussi les femmes !

3.

Un philosophe féministe

Rares sont les philosophes qui se sont souciés directement et profondément de la question des femmes ; plus rares encore sont ceux qui ont aperçu dans cette question un authentique et urgent problème social et politique qu'il importait d'analyser conceptuellement dans toute son ampleur. On pourrait citer des philosophes qui ont rencontré cette question sans, toutefois, la constituer en un thème explicite de leur pensée. Dans ces conditions, on peut légitimement tenir John Stuart Mill pour le premier philosophe proprement féministe qui a tenté de penser les conditions d'une ample transformation de la structure sociale qui régit les rapports entre les sexes. Certaines remarques qu'il avance, approchées à l'aune de notre sensibilité contemporaine, peuvent sembler choquantes et datées, ainsi lorsqu'il accorde sa préférence à une division traditionnelle du travail entre les sexes (l'époux se chargeant d'apporter un revenu au ménage, l'épouse s'occupant de l'éducation des enfants). Mais cela n'affecte en rien la rupture accomplie par notre philosophe.

1. *Le sort fait aux femmes*

Lorsque Mill rédige en 1861 *L'Asservissement des femmes* (*The subjection of women*), il entend produire une analyse fouillée de la logique sociale de subordination dans laquelle les femmes sont prises. Mill et sa femme, Harriet, ont particulièrement attaqué les lois qui organisent les relations intimes de tout couple marié. Mais il faut bien saisir que l'idée séminale qui sous-tend cette critique est que la loi n'est jamais que l'expression de rapports sociaux de soumission, rapports qu'elle reflète et que son existence entend perpétuer. L'argument central du livre de Mill consiste à soutenir que la logique patriarcale, en plus d'être intrinsèquement injuste et injustifiable, constitue fondamentalement un obstacle aux progrès des sociétés humaines. Il importe de substituer au principe d'inégalité et de soumission un principe de parfaite égalité entre hommes et femmes. Analysons la doctrine qui pense la relation maritale et dont la loi porte la trace. On la nomme doctrine de l'unité du couple marié (*the doctrine of coverture or spousal unity*) ; de provenance théologique, elle s'appuie sur la Genèse qui énonce que les époux forment une seule chair. Mari et femme sont une seule et unique personne, mais cette personne unique est représentée par le mari et par lui seul. L'existence légale de l'épouse est donc suspendue durant le mariage, ou plutôt est incorporée à celle de son mari. Mill parle sans cesse du statut d'esclave qui serait celui des femmes en général et des épouses en particulier. La formule est pertinente si l'on se souvient qu'un esclave est toujours l'homme d'un autre que lui, et qu'il ne s'appartient pas. De fait, les épouses n'ont aucun droit sur leur corps, sur leurs biens, sur leur personne. Comme le note Mill, la situation de la femme mariée est pire que celle de l'esclave romain qui pouvait, jusqu'à un certain point au moins, posséder un petit pécule. L'épouse est destituée de toute responsabilité légale vis-à-vis des enfants du couple. La loi organisant le mariage rend licite non seulement la plus petite des violences domestiques, mais aussi le viol conjugal. Dans un très beau texte prononcé devant le Parlement lors de son mandat de député, Mill écrit : «J'aimerais avoir un rapport qui pourrait être présenté devant cette assemblée dans lequel figurerait le nombre de femmes qui, chaque année, sont brutalisées, frappées à coups de pied, piétinées jusqu'à la mort par leur protecteur ; et, dans une autre colonne, le nombre de jugements exécutés ; j'aimerais aussi avoir, dans une troisième colonne, la quantité de biens injustement accaparés et dont la confiscation aurait été passible de la même peine ;

nous aurions alors une valeur arithmétique produite par des législateurs et des tribunaux mâles à propos du meurtre d'une femme. » Ce que notre philosophe montre, c'est que les rapports de force à l'intérieur du couple sont permis, protégés et, pour tout dire, encouragés par la loi. Lorsqu'un homme frappe un autre homme, il encourt la juste sanction de la loi alors que lorsqu'un mari bat sa femme, la violence de son comportement n'est que très rarement susceptible d'être sanctionnée. Le mari a tous les droits sur le corps de son épouse en sorte qu'il est légalement autorisé à la réduire au rang le plus vil. Mais, demandera-t-on, qu'en est-il des femmes qui ne sont pas mariées ? La question est naïve. Dans l'Angleterre du XIXe siècle, une femme n'est pas socialement libre de ne pas se marier. Si les lois du mariage relèvent de part en part d'une logique patriarcale, si elles sont faites par et pour les hommes, on comprend que la participation des femmes à la vie publique, et singulièrement l'accès au droit de vote, soit cruciale. C'est en s'engageant dans l'espace public et en votant que les femmes pourront parvenir à faire apparaître des lois moins iniques. Mill montre également, de façon originale, que les hommes ne sont en rien bénéficiaires d'une situation dont ils tirent apparemment avantage. La domination patriarcale corrompt les hommes car elle favorise une tendance délétère à la surestimation, à l'idolâtrie injustifiée de soi-même, au culte de soi (*self-worship*). Le jeune garçon, par le simple hasard de sa naissance et dès les premiers moments de sa socialisation, se voit encouragé à apprécier hautement sa propre volonté. Il ne l'est que parce qu'une moitié de l'humanité est parvenue à faire que sa capricieuse volonté devienne une loi pour l'autre moitié de l'humanité.

2. *Pour une société d'égaux*

Mill pense profondément que, pour se connaître et se construire, chacun a besoin de l'autre. Or, le regard que

la femme peut porter sur son conjoint est un regard auquel
sont refusées, en fait sinon en droit, toute pertinence et
toute valeur. Mais il y a plus troublant encore. Les
hommes, d'un côté, se sentent dans leur bon droit lorsqu'ils imposent leur volonté aux femmes. Ce faisant, ils
entretiennent à l'égard de leurs épouses le même rapport
de possession qu'à l'égard d'objets inanimés leur apparte-
nant. D'un autre côté, ils entendent se présenter, non
comme des maîtres mais comme des protecteurs bien-
veillants de leurs épouses. Le mari ne désire pas « une
esclave mais une favorite ». Parce que le despote domes-
tique est, au fond, attaché à une servitude volontaire, est
mis en œuvre un véritable conditionnement social des
femmes qui passe par un certain type d'éducation. L'idéal
qu'on présente aux jeunes filles, et qui est censé permettre
leur plein accomplissement, est un idéal d'abnégation. On
fait valoir une prétendue nature féminine en vertu de
laquelle le propre de toute femme serait de vivre entièrement pour son époux et ses enfants. Le but premier de
l'éducation des filles est alors de les rendre attirantes, y
compris sexuellement, condition pour qu'elles puissent
s'épanouir au service d'un époux. Pour y parvenir, il
importe donc de leur inculquer le plus tôt possible l'obéissance et la soumission ! Les femmes sont élevées en inté-
riorisant un véritable désir de servitude dans la mesure où
leur assujettissement est, selon la logique patriarcale,
l'équivalent exact de ce qui est leur constamment présenté
comme leur épanouissement. Les hommes ont, somme
toute, très peur de vivre avec des femmes qui seraient leurs
égales. Ce qui est remarquable dans le couple formé par
Mill et Harriet réside dans l'affirmation en acte d'une
dimension d'égalité parfaite. Mill thématise dans *L'Asservissement des femmes* l'idée d'une amitié entre égaux qui
pourrait exister au sein même du mariage. Il écrit :
« Quand chacune des deux personnes, au lieu de n'être
rien, est quelque chose ; quand chacun des deux est attaché à l'autre et que l'un et l'autre ne sont, au commence-

ment, pas trop dissemblables ; la constante participation aux mêmes choses, soutenue par la sympathie mutuelle, révèle les capacités latentes de chacun à porter intérêt aux choses qui au départ n'intéressaient que l'autre et produit l'assimilation progressive par chacun du goût et caractère de l'autre. » Mill envisage l'émancipation des femmes à un double niveau. Au niveau de l'espace public, des sphères économiques et sociales, il faut changer les lois, donner aux femmes accès aux études, au droit de vote, à l'exercice de professions ordinairement réservées aux hommes. S'agissant de la sphère intime, il s'agit de promouvoir un nouveau type de relations qu'on peut caractériser comme des relations éthiques entre égaux. Dans un couple d'égaux serait à l'œuvre un processus d'enrichissement mutuel par lequel chacun saisirait l'autre, toujours davantage, comme un être d'égale valeur que soi. Une profonde convergence se manifeste entre *De la liberté* et *L'Asservissement des femmes*. Dans les deux textes, c'est toujours la restriction indue de la liberté des individus, quel que soit leur sexe, qui compromet l'épanouissement du plus grand nombre et, conséquemment, du bonheur en général.

Pour prolonger la réflexion

Pour se familiariser avec certains passages des textes les plus importants de Mill, on se reportera à l'excellente et indispensable *Anthologie historique et critique de l'utilitarisme* (volume 2) de Catherine AUDARD, publiée par les Presses universitaires de France en 1999 (en particulier le chapitre 4 qui présente des extraits du chapitre 3 de *De la liberté*).

En complément, on pourra lire l'*Essai sur Bentham* de MILL, figurant en intégralité dans l'ouvrage suivant : John Stuart MILL, *L'Utilitarisme*, aux Presses universitaires de France, « Quadrige », 1998.

Et surtout, lire et faire lire l'excellent et précurseur livre de MILL sur la condition des femmes : *L'Asservissement des femmes*, « Petite Bibliothèque Payot » (traduction de M.-F. Cachin), 1975.

La figure du philosophe

Mill, philosophe, économiste et homme politique

JOHN STUART MILL n'a pas été, à l'instar de son maître Bentham se décrivant lui-même comme « un ermite » et passant une bonne partie de sa vie en reclus, un philosophe confiné à l'écart du monde et seulement attaché à édifier son œuvre. À bien des égards il a été plus qu'un philosophe. Il fut tout à la fois un économiste novateur, un pamphlétaire incisif, un homme politique précurseur, un audacieux réformateur social. La richesse et la variété de ses travaux sont considérables et touchent aussi bien à l'économie politique qu'à la logique, au droit et à la philosophie des sciences. Mill est un personnage fascinant, aux facettes multiples, semblable en cela à cet idéal humain qu'il chérissait tant, en qui de multiples tendances et qualités s'affirment également et harmonieusement.

1.

L'enfance et la jeunesse

John Stuart Mill naît à Londres le 20 mai 1806. Détail significatif, il est le premier enfant du couple que forment James Mill et Harriet Burrow. Dans l'*Autobiographie* qui sera publiée après la mort de notre philosophe, la figure paternelle occupe une place prépondérante.

1. *Le nom du père*

James Mill, né en 1773, d'origine écossaise, est d'ascendance modeste. Il est le fils d'une servante et d'un cordonnier de village. Cette extraction ne l'empêche pas de suivre un cursus de théologie à l'Université d'Édimbourg grâce à la libéralité d'un protecteur, Sir John Stuart of Fettercairn, qui deviendra par la suite le parrain de John Stuart Mill. On peut inscrire le père de Mill dans une grande tradition écossaise de la pensée à laquelle appartiennent notamment David Hume (1711-1776) et Adam Smith (1723-1790). James Mill se détourne en tout cas de la prêtrise et gagne Londres en 1802 pour y vivre de sa plume. Il y épouse en 1805 Harriet Burrow. Le couple aura neuf enfants. Les conditions d'existence de la famille demeurent longtemps précaires. En dépit de cette situation apparemment peu favorable, James Mill déploie une intense activité intellectuelle et sociale. À partir de 1808, il se lie avec un groupe d'intellectuels composé, au fil des années, de l'économiste David Ricardo (1772-1823), de l'historien George Grote (1794-1871) et, bien sûr, du philosophe et fondateur de l'utilitarisme Jeremy Bentham, et surnommé les *Philosophic Radicals*. L'alliance entre James Mill et Bentham est au fond l'alliance entre un homme pauvre mais dont le talent de propagandiste est vigoureux et un philosophe déjà installé, qui mène une vie retirée et qui a la chance de disposer d'une importante fortune personnelle. Les deux hommes se complètent et partagent les mêmes convictions concernant un vaste programme de réformes sociales pour leur pays. Outre son engagement auprès de Bentham et l'éducation de ses enfants, James Mill trouve l'énergie d'écrire une monumentale *History of British India* en neuf volumes. Il lui a fallu quatorze années pour achever ce considérable chantier. À la parution, en 1818, de l'ouvrage, le succès est immédiat. James Mill est alors rapidement engagé par la Compagnie des Indes britanniques et la situation matérielle de la famille s'en trouve aussitôt améliorée. Toutefois, entre 1806 et 1819, la vie de la famille n'est guère aisée. C'est dans ce contexte marqué par la figure à la fois puissante, charismatique, et aussi très dure de James Mill que s'effectue l'éducation du jeune John Stuart.

2. *Tel père, tel fils*

L'éducation de notre futur philosophe est, hors de toute institution scolaire, totalement prise en charge par le père. Elle est soumise à une claire finalité : faire du fils aîné un esprit accompli, capable de déployer de hautes facultés de raisonnement. Pour apprécier ce que cette éducation a d'extraordinaire, il suffit de considérer la célèbre liste des ouvrages que Mill déclare lire dès son plus jeune âge. À trois ans, Mill débute sous la férule paternelle l'étude du grec ; à huit ans, il s'attaque au latin et, au même âge, il a déjà lu tout Hérodote (484-425 av. J.-C.) et plusieurs dialogues de Platon (428-347 av. J.-C.). Dans l'*Autobiographie*, il donne deux détails qui révèlent un peu de l'atmosphère ordinaire de ce processus éducatif sans pareil. Il note qu'il se trouvait dans la même pièce que son père lorsqu'il apprenait le grec. Mieux : son père et lui travaillaient à la même table et l'enfant ne cessait d'interrompre le père pour demander la signification de tel ou tel mot grec. Ensuite, la santé du père exigeant la pratique d'exercices physiques au grand air, père et fils avaient l'habitude, entre 1810 et 1813, de faire de la marche avant le petit déjeuner. Au cours de ces promenades, le fils présentait oralement au père une synthèse des livres lus la veille. Outre le grec, le latin et les lectures en grand nombre, l'apprentissage de l'arithmétique est aussi au programme et s'effectue en soirée. Mill confesse une prédilection particulière pour les récits et fresques historiques. À douze ans, il débute l'étude de la logique en lisant l'*Organon* d'Aristote (384-322 av. J.-C.) — jusqu'aux *Analytiques* inclus, préciset-il. Il fréquente aussi la logique de Thomas Hobbes (1588-1679) et devient peu à peu familier avec les enjeux de l'économie politique en discutant avec son père des ouvrages de David Ricardo et d'Adam Smith. Un épisode important survient, qui interrompt le rythme ordinaire des études. Le jeune Mill séjourne entre 1820 et 1821 en France. Hôte de Samuel Bentham, frère du philosophe, il visite le sud de la France et les Pyrénées. On aurait tort de croire qu'il cesse d'apprendre, car il acquiert une excellente maîtrise de la langue française. Il suit aussi des cours de chimie, de zoologie et, à nouveau, de logique à l'Université de Montpellier. À quinze ans, de retour en Angleterre, il découvre le *Traité de législation* de Bentham dans l'adaptation qu'en donne Dumont. Il confesse le choc qu'a constitué dans sa formation intellectuelle la lecture de cet ouvrage. Certes, il baigne depuis toujours dans un cadre intellectuel qui est imprégné des idées de Bentham, mais la confrontation directe avec la démarche benthamienne dans toute sa rigueur est véritablement, comme indiqué dans l'*Autobiographie*, « un des tournants dans [son] histoire intellectuelle ». Par ailleurs, il découvre l'histoire de la Révolution française, lit le *Traité des sensations* de Condillac (1714-1780). Il travaille également à produire des résumés synthétiques pour chaque chapitre d'un livre de son père, les *Éléments d'économie politique*. On peut trouver l'éducation du jeune Mill quelque peu terrifiante. Elle a éloigné l'enfant des charmes de l'enfance en le privant de tout contact avec d'autres individus de son âge, mis à part bien sûr ses propres frères et sœurs dont il a été, contraint et forcé, le professeur et le répétiteur ! Les seuls loisirs accordés par le père se résument à assister aux conversations que ce dernier pouvait avoir avec Ricardo ou d'autres intellectuels. Mill semble déplorer le manque d'affection concrète du père ; toutefois, il ne peut s'empêcher de penser que le total dévouement éducatif de celui-ci à son endroit est une marque considérable d'amour. Se considérant comme quelqu'un de banal, il souligne la

chance de connaître une telle éducation : il déclare que sa
mémoire et sa capacité naturelle de compréhension ne
sont en rien supérieures à la moyenne, et qu'il doit tout à
son éducation ! Son père est parvenu à faire de lui, pour
reprendre le mot de Chateaubriand à propos de Pascal, un
effrayant génie. La longue et pénible route de l'éducation
a, semble-t-il, pallié l'absence de tout don hors du commun. L'*Autobiographie* est prolixe et loquace lorsqu'il est
question du père, mais elle est discrète, sinon parfaitement
muette, lorsqu'il est question de la mère. Les failles nécessaires, que porte avec elle cette entreprise éducative, ne
vont pas tarder à se manifester.

3. *Premiers engagements intellectuels*

À partir de 1822, Mill commence à rédiger ses propres
textes, notamment un éloge et une accusation de Périclès
dans le style affectionné des orateurs antiques. Au cours de
ces années, il se lie d'amitié avec George Grote et les frères
John et Charles Austin. Il écrit surtout beaucoup dans le
journal *Westminster Review*, lié à l'aventure du radicalisme
benthamien. Schématiquement, on trouve dans l'Angleterre du début du XIXᵉ siècle trois grandes tendances politiques : les Tories, les Whigs et les Radicals. Si les Tories
incarnent une mouvance conservatrice, on peut définir les
Whigs et les Radicals comme des réformateurs. Mais en
dépit d'une réelle proximité, les Radicals sont plus critiques que les Whigs à l'encontre de l'institution anglicane
et de la religion. Whigs et Tories ont chacun un organe de
presse qui popularise leurs idées : l'*Edinburgh Review* pour
les premiers, le *Quaterly Review* pour les seconds. Il fallait
que la mouvance radicale eût aussi son propre organe de
presse. C'est ainsi qu'en 1824 Bentham fonde le *Westminster Review* dans lequel Mill, en véritable étoile montante de
la mouvance radicale, fait ses premières armes de publi-
ciste. Plus tard, en 1834, Mill créera son propre journal, le
London Review, avant de racheter le *Westminster Review* et de

fusionner les deux titres. Quoi qu'il en soit de cette activité continue de journaliste, d'éditorialiste et même de directeur de journal, il faut insister sur deux événements importants qui ont lieu en 1823. D'une part, son père lui trouve un poste à la Compagnie des Indes dont Mill gravit petit à petit tous les échelons. Lors de la fermeture de la Compagnie en 1858, il occupe un poste important analogue à celui qu'a occupé son père. D'autre part, il crée avec quelques amis une petite société intellectuelle, la Société utilitariste. Mill déploie une intense activité et, lorsque la petite société disparaît, il s'engage dans plusieurs autres aventures intellectuelles. Une société chasse l'autre puisque Mill, en 1826, participe à un groupe de discussion qui se réunit deux fois par semaine et discute de façon fouillée et contradictoire des textes d'économie politique mais aussi de psychologie. En parallèle, il apprend l'allemand et met sur pied une autre société qui a pour finalité d'organiser des débats entre les représentants de diverses tendances politiques et philosophiques. À ces séances participent des adeptes de la pensée socialiste de Robert Owen (1771-1858), des défenseurs de la sensibilité Tory, des disciples du poète Samuel Coleridge (1772-1834). À toutes ses activités, sans oublier la rédaction d'articles et le travail auprès de la Compagnie des Indes, il faut ajouter à partir de 1825 un considérable travail d'édition : Mill a pour tâche de mettre en forme et de condenser une masse de brouillons rédigés par Bentham, qui deviendront en 1827 un livre sur les preuves judiciaires. Il est possible de voir dans ce surmenage physique et intellectuel la cause de la grave rupture de 1826. Mais une autre conjecture est possible. La foi qui attachait Mill au radicalisme philosophique de son père et de Bentham s'affaiblit à mesure qu'il prend ses distances à l'égard de la puissance tutélaire de fascination intellectuelle constituée par son père. Il aspire, sans nécessairement s'en apercevoir, à prendre en compte des aspects plus affectifs de l'existence humaine négligés par le courant benthamien. Citons à cet égard un mot pénétrant du poète Thomas Carlyle (1795-1881) : « Pauvre bougre ! Il a dû sortir par lui-même du benthamisme, et toutes les émotions et souffrances endurées lui ont permis de parvenir à des pensées qui ne sont jamais entrées dans la tête de Bentham ; toutefois, il est encore trop attaché à vouloir tout démontrer. »

2.

La longue marche vers la maturité

Pour saisir l'ampleur de la crise que va vivre Mill, lisons ce qu'il en dit lui-même dans l'*Autobiographie*. Il se pose la question suivante : « Imagine que tous tes buts dans la vie se trouvent réalisés, que tous les changements dans les institutions et dans les opinions auxquels tu aspires puissent être entièrement accomplis en cet instant précis, serait-ce alors pour toi une grande joie, un grand bonheur ? Sur quoi, irrépressible, ma conscience intime me répondit : Non ! Alors le cœur me manqua. »

1. *La crise de 1826*

La crise dure en tout six mois et s'étend jusqu'au printemps 1827 ; Mill est d'humeur sombre, mélancolique et suicidaire. L'analyse rétrospective qu'il en produit insiste sur le déséquilibre intérieur qu'a produit son éducation. Ses capacités analytiques sont hypertrophiées et ne sont pas contrebalancées par une grande aptitude à désirer et à éprouver de fortes émotions. Ce qui va permettre à Mill de surpasser cette crise est la lecture des *Mémoires d'un père* de Jean-François Marmontel (1723-1799). L'ouvrage met en scène un fils (le jeune Marmontel) qui, à la mort du père, prend sur lui la détresse familiale et se présente malgré son propre chagrin comme celui qui désormais assurera la charge de soutien de famille. Mill raconte l'émotion ressentie à la lecture de ces pages, redécouvrant sa capacité à éprouver de la joie. Sans jamais cesser d'être utilitariste, Mill entreprend de fréquenter les univers poétiques du romantisme. Il subit notamment l'influence de Thomas Carlyle, qui a permis l'introduction du romantisme allemand en Angleterre. Carlyle, politiquement conservateur, ne partageait certainement pas les convictions de Mill. Pourtant, une amitié naît entre les deux hommes qui entretiennent à partir de 1831 une importante correspondance et notre philosophe ouvre au poète et historien les portes de sa bibliothèque. Mill fréquente également les écrits de Samuel Coleridge et de William Wordsworth (1770-1850). S'agissant de ce dernier, il déclare que c'est sa poésie qui lui permet de comprendre toute l'importance, pour l'individu, d'une culture des sentiments et de la sensibilité. À l'issue de la crise de Mill, la perspective de la culture de soi de l'individu se trouve fortement prise en compte. Ensuite, contrairement à l'utilitarisme classique de Bentham, le bonheur doit pouvoir être atteint de façon indirecte. C'est dans ce contexte nouveau de la vie de Mill qu'intervient la rencontre avec Harriet Taylor.

2. *Harriet*

En 1830, Mill rencontre Harriet. Elle est mariée et mère de famille. La rencontre est organisée par le révérend Fox parce qu'Harriet se plaignait du peu d'intérêt de son mari pour les arts et la philosophie. Voici comment elle est décrite par Mill : « Jusqu'au moment où je la vis pour la première fois, sa riche et puissante nature s'était essentiellement épanouie conformément au type attendu du génie féminin. » Mme Taylor est une personnalité peu commune en raison d'une attitude fortement anticonformiste. La relation qui se noue entre elle et Mill, pour platonique qu'elle semble avoir été, devait sans doute choquer les coutumes anglaises ambiantes. Mais, à l'évidence, Harriet n'en avait cure. Et son mari, John Taylor, se montrant suffisamment compréhensif pour se rendre opportunément à son club, Mill peut rendre visite, le soir venu, à la femme aimée. Bientôt, Harriet quitte le domicile conjugal et s'installe dans une maison où elle reçoit Mill aussi souvent que souhaité. Il considère que sa future femme lui a permis de s'ouvrir à des problèmes auxquels il accordait auparavant peu d'attention. On pense bien sûr à la condition des femmes dans l'espace de la famille et de la société tout entière, mais aussi à une sensibilité plus aiguë accordée à la question sociale. Certains ont trouvé que la présentation formidablement élogieuse que fait Mill de sa femme était très excessive et que les qualités morales et intellectuelles d'Harriet étaient loin d'être si évidentes, à se fier en tout cas à certaines déclarations venimeuses de quelques contemporains qui fréquentaient le couple. La femme de Carlyle, Jane Carlyle, déclare par exemple qu'Harriet est *somewhat of a humbug* (*humbug* désigne quelqu'un qui trompe notre attente, un imposteur) ! D'autres ont cherché à minorer l'influence d'Harriet sur Mill et ont refusé de la tenir pour l'auteur de certaines œuvres de Mill au même titre que notre philosophe et en conformité avec les déclarations de ce dernier. *De la liberté* est, selon l'*Autobiographie,* coécrit par le couple : il affirme que ce texte est « plus directement et littéralement notre production commune que tout autre chose portant mon nom ». Certains, comme l'économiste libéral Friedrich Hayek (1899-1992), ont attribué à l'influence d'Harriet l'orientation tardive de Mill vers des thèses plus ou moins ouvertement socialistes, comme on le lit implicitement dans l'ouvrage consacré par Hayek au couple. D'autres, enfin, dans une veine psychanalytique, ont voulu voir en Harriet une nouvelle figure du père venant remplacer et prolonger la figure originaire. Il est difficile de trancher entre ces appréciations aussi diverses que contradictoires, qui révèlent surtout la dimension mythique du couple. Pourtant, et tout en admettant

une tendance chez Mill à se déprécier et à accorder beaucoup à ceux qu'il aime, l'affirmation selon laquelle l'aide
intellectuelle et la seule présence d'Harriet ont été authentiquement précieuses pour notre philosophe n'est guère
contestable. En tout état de cause, Mill et Harriet devront
attendre 1851 pour se marier, deux ans après la mort de
John Taylor.

3. *Nouveaux horizons*

Mill, parallèlement à sa rencontre avec sa future femme,
découvre de nouveaux horizons de pensée grâce à sa fré-
quentation des écrits de Claude-Henri de Saint-Simon
(1760-1825) et de son école. Il y trouve une spéculation
sur les progrès historiques de l'humanité, qui l'influen-
cera considérablement, ainsi que l'idée selon laquelle il
importe d'élucider les erreurs du passé sans se borner à les
rejeter. Il lit avec ferveur Auguste Comte avec qui il débute
en 1841 une correspondance qui ne s'achèvera qu'en
1847. Cependant, en 1865, écrivant *Auguste Comte et le Posi-
tivisme*, il rompt avec certaines lignes de la pensée com-
tienne. Il découvre également dans ces années l'œuvre
d'Alexis de Tocqueville ; dès la parution de *De la démocratie en Amérique*, Mill étudie de près l'analyse que conduit
Tocqueville à propos des contradictions intrinsèques de la
démocratie. Dès 1835, il rédige un compte rendu de la première partie de l'ouvrage ; il fera la recension de la
seconde partie en 1840. En 1836, le père de Mill meurt.
Le fils, dans l'*Autobiographie*, relatant la mort du père,
insiste sur le fait que James Mill n'a jamais été un simple
disciple de Bentham. Mill commence alors à publier des
ouvrages de première importance. En 1843, il publie son
Système de logique inductive et déductive ; ce traité systématique
devient rapidement un ouvrage de référence. Il y étudie le
principe d'induction et les différentes formes de raisonnement. Comme il le précise, le *Système de logique* a pour
ambition de s'opposer à l'orientation philosophique qui

fait appel à des principes innés pour rendre compte de la connaissance humaine. Mill oppose à cette approche, incarnée par le docteur William Whewell, une démarche résolument empiriste. Le succès que rencontre son livre, malgré sa technicité, reste aux yeux de Mill assez inexplicable. En 1849, il publie son autre grand traité systématique, également une référence incontournable, les *Principes d'économie politique*. Mill confesse avoir rédigé son livre, qui consiste en une défense du libéralisme économique d'un point de vue utilitariste, en un temps record. La rédaction de l'ouvrage débute à l'automne 1845 et est prête pour l'impression avant la fin de 1847. Il connaît de multiples réimpressions. Tout se passe comme si la mort du tutélaire James Mill avait permis à son fils d'écrire, à son tour, autre chose que des articles et des recensions, de se lancer dans la rédaction d'ouvrages qui sont de véritables sommes. En 1854, Mill traverse de sérieux ennuis de santé et il effectue des voyages en France et en Grèce pour recouvrer ses forces. Il travaille, aidé de sa femme, à la rédaction de *L'Utilitarisme* et de *De la liberté*. Il obtient le poste de *chief examiner* à la Compagnie des Indes. Mais, en 1858, la Compagnie ferme ses portes et il est conduit à prendre sa retraite, nanti au demeurant d'une confortable pension. Ces nouvelles conditions d'existence lui offrent tout le loisir voulu pour voyager et écrire.

3.

Les dernières années

En 1858, alors que Mill est en route pour Montpellier en compagnie de sa femme, cette dernière est atteinte, dans la ville d'Avignon, d'une hémorragie pulmonaire. Elle succombe à la maladie et est enterrée dans le cimetière de la ville. Mill, à compter de ce jour, décide d'ache-

ter une petite maison à côté du cimetière et prend l'habitude de séjourner une bonne partie de l'année en Avignon.
Il vit le plus souvent en compagnie d'Helen, la fille d'Harriet. Helen occupe peu à peu auprès de lui une place analogue à celle qu'occupait la disparue. En 1865, Mill se lance
dans la bataille politique comme candidat radical. Ce sont
des électeurs et citoyens qui entreprennent de le solliciter.
Il leur fait alors bien savoir qu'il n'a lui-même aucun désir
personnel de devenir député. Plus encore, il précise qu'il
n'a aucune intention de faire campagne, ni d'engager la
moindre dépense, et ajoute qu'il n'entend absolument pas,
une fois élu, se consacrer aux enjeux et intérêts locaux de
sa circonscription. Il évoque même devant ses électeurs son
attachement à la question du suffrage des femmes, thème
électoralement peu porteur ! L'excentricité, tant vantée
dans *De la liberté*, est une attitude concrète que notre philosophe a pratiquée et cultivée avec constance. L'*Autobiographie* rapporte qu'un bel esprit aurait déclaré, à propos
de la candidature de Mill, que Dieu lui-même, affichant un
tel programme et de telles intentions, ne parviendrait pas
à être élu. Mill entre cependant à la Chambre des communes comme député de Westminster et son élection a été
pour lui comme pour la plupart une véritable surprise. Son
mandat est marqué par plusieurs faits importants.

1. *La cause des femmes*

En 1867, il tente d'étendre le droit de vote aux femmes,
se conformant rigoureusement à ce qu'il avait annoncé. Il
s'attache à faire voter une motion modifiant un article de
loi, dans laquelle figure le mot de « personne » en lieu et
place du mot « homme ». La tentative échoue car 73 voix
seulement soutiennent l'amendement sur les 269 votes
répertoriés. Mill tient cet acte parlementaire pour le seul
acte vraiment important de son mandat et le discours qu'il
prononce à cette occasion a un immense retentissement
dans le pays, y compris auprès de ceux qui s'opposent au

vote des femmes. Cet échec, au demeurant attendu, s'inscrit dans le cadre d'un véritable et profond engagement féministe. On ne peut le dissocier d'autres éléments significatifs. La publication, en 1869, de *L'Asservissement des femmes* (qui avait été rédigé dès 1861) fait de notre philosophe l'un des rares authentiques penseurs à prendre en compte philosophiquement le problème de la condition sociale des femmes. En 1866, Mill accepte de présenter à la Chambre une pétition signée par 1 500 femmes, mise en œuvre et initiée par la féministe Barbara Bodichon, et qui préfigure la tentative de 1867 pour modifier les conditions ordinaires du suffrage. Autre point important : en 1851, année de leur mariage, Mill et Harriet font paraître un texte dans le *Westminster Review* intitulé *L'Émancipation des femmes* (*The Enfranchisement of women*). Ce texte, signé par Mill, a été vraisemblablement écrit par sa femme et on peut y lire la phrase suivante : « Lorsque, cependant, nous demandons pourquoi l'existence d'une moitié de l'humanité est simplement réduite à un statut d'esclave par l'autre moitié, pourquoi chaque femme devrait être un simple appendice de l'homme [...] la seule raison qui peut être donnée est que cela plaît aux hommes. » La même année, le 28 août 1851, dans le *Morning Chronicle*, Mill et Harriet publient un autre texte qui attaque fortement les lois organisant l'institution du mariage. L'objection centrale adressée à l'institution du mariage consiste à pointer que la relation légale entre époux permet au mari de bénéficier de façon scandaleuse et injustifiée d'un contrôle absolu sur le corps, la personne, les biens et la liberté d'action de sa femme. La modernité prophétique des combats de John Stuart Mill s'exprime aussi sur un autre terrain que celui de la condition des femmes.

2. *Ultimes combats*

Mill milite également dans un comité, appelé le *Jamaica Commitee*, pour que le gouverneur de la Jamaïque, territoire alors sous contrôle britannique, soit jugé pour la répression odieuse qu'il avait organisée. Certains résidents noirs de la Jamaïque avaient, à l'occasion d'une insurrection, attaqué le palais de justice et tué un magistrat impopulaire. Pour mettre un terme à l'insurrection, le gouverneur, Edward John Eyre, avait alors décrété la loi martiale et conduit une sanguinaire et féroce répression : 400 résidents noirs sont tués, plus encore sont violemment frappés et des centaines de maisons sont détruites. Mill ne se satisfait pas de l'attitude consistant à juger simplement disproportionnée la réaction du gouverneur. En outre, beaucoup vont jusqu'à voir Eyre comme un véritable héros. Mill écrit que ceux qui applaudissent Eyre sont semblables à ceux qui, en d'autres temps, ont soutenu la logique esclavagiste. Il ne se satisfait pas non plus, comme le proposent certains membres du comité, d'adresser au gouverneur un blâme, de veiller à indemniser les victimes qui ont perdu leurs biens et d'amnistier les émeutiers. Mill insiste sur le caractère injuste de la conduite du gouverneur et sur l'injustice qui prévaudrait encore davantage si sa conduite n'était pas jugée. C'est hélas un nouvel échec : les crimes du gouverneur Eyre restent impunis. Sans aller jusqu'à faire de lui un farouche et fervent anticolonialiste, on peut apprécier le courage de son combat, notamment en mesurant combien sa position devait être impopulaire. Mill use aussi de son influence pour s'entremettre entre des ouvriers grévistes et la police afin de prévenir la naissance d'un violent conflit social. Enfin, il ne cesse jamais de se soucier de réformer en profondeur son pays, puisqu'il plaide en faveur d'un changement de la loi agraire favorable aux paysans irlandais et, plus largement, d'une refonte des tenures agricoles dans toute l'Angleterre. En 1868, la Chambre est dissoute et il n'est pas réélu. Il ne semble pas avoir beaucoup souffert de cette défaite car il s'empresse de regagner Avignon. Le 7 mai 1873, John Stuart Mill meurt dans cette même ville d'une maladie infectieuse, et est enterré dans la même tombe que sa femme bien-aimée.

Biographie

20 mai 1806   Naissance de John Stuart Mill.

1809-1822   L'éducation du jeune Mill est prise en charge par son père, qui est fortement engagé auprès du philosophe utilitariste Bentham ; Mill apprend, sous la férule paternelle, le latin et le grec, mais aussi l'économie politique, le droit, la logique…

1823   Mill devient employé de la Compagnie des Indes orientales.

1825   Intense activité intellectuelle ; Mill partage alors pleinement les engagements radicaux et utilitaristes de son père ; il participe à des sociétés de discussion et écrit dans divers journaux.

1826   Grave crise morale et intellectuelle, Mill dévelope son propre chemin de pensée sans cesser d'être utilitariste.

1830   Il rencontre Harriet Taylor qui exerce une indéniable influence sur lui.

1843   Publie le *Système de logique.*

1848   Publie les *Principes d'économie politique.*

1851   Épouse Harriet Taylor, qui est veuve depuis 1849.

1856   Promu *chief examiner* à la Compagnie des Indes, poste qu'occupait son père avant lui.

1858   Quitte la Compagnie des Indes (celle-ci est supprimée) ; mort d'Harriet en Avignon.

1859   Publication de *De la liberté.*

1861   Publication de *L'Utilitarisme* et des *Considérations sur le gouvernement représentatif* ; passe chaque année une bonne partie de son temps en Avignon où Harriet est enterrée.

1865   Mill est élu au Parlement.

1867   Plaide au Parlement la cause des femmes.

1869   Publie *L'Asservissement des femmes.*

1873-1879   Il se retire avec Helen, fille d'Harriet, en Avignon où il meurt en 1879 ; il est enterré avec sa femme.

Pour prolonger la réflexion

La meilleure façon d'entrer dans la vie et l'œuvre de Mill est de lire sa très belle autobiographie :

John Stuart MILL, *Autobiographie*, publiée chez Aubier en 1993 (traduction de G. Villeneuve).

Pour la version originale en langue anglaise, on consultera :

John Stuart MILL, *Autobiography*, texte publié par NuVision Publications en 2007.

Trois questions posées au texte

POUR ABORDER notre première question, il est important de dire un mot de la logique générale de notre texte. Mill entend défendre rigoureusement la liberté de discussion contre toute forme de limitation ou d'entrave, qu'elle soit directe par la loi, ou plus contournée par le biais de la pression sociale. Il veut montrer ce qu'il y a toujours de foncièrement néfaste à «imposer silence à l'expression d'une opinion ». Sont envisagées, par conséquent, trois possibilités qui forment comme les trois branches distinctes d'un même argument. Dans un premier cas, «l'opinion qu'on cherche à supprimer » est réputée fausse mais il est parfaitement possible qu'elle soit en réalité vraie. Dans un deuxième cas, l'opinion qu'il s'agit de faire taire se trouve être effectivement fausse. Dans un troisième et dernier cas, à propos duquel Mill indique qu'il est le plus répandu, l'opinion qu'on cherche à écarter est en partie vraie et en partie fausse. Il ajoute à ces trois grands développements un quatrième moment, qui touche aux modalités concrètes susceptibles de régir une discussion digne de ce nom, d'établir «la vraie moralité de la discussion publique ».

1.

Peut-on justifier la censure ?

Considérons la première hypothèse : c'est une opinion tenue pour fausse qu'on entend faire taire. C'est à partir et au nom d'une autre opinion, d'une opinion reçue, qui occupe tout ou partie de l'espace social et qui se présente aux yeux de ceux qui y adhèrent comme la vérité entière, qu'on refuse obstinément d'admettre toute autre opinion. Se faire le défenseur intraitable d'une vérité exclusive revient à « s'arroger l'infaillibilité » et, comme le note Mill, s'agissant des censeurs, à « présumer que leur certitude est la certitude absolue ».

1. *La présomption d'infaillibilité*

L'infaillibilité n'est pas seulement la caractéristique de quelqu'un qui ne saurait se tromper ; ce n'est pas non plus « le fait de se sentir sûr d'une doctrine », mais bien plutôt le fait de trancher une question « pour les autres » et de leur interdire de former par eux-mêmes leur propre jugement. S'arroger l'infaillibilité consiste à penser à la place des autres en ne leur permettant jamais de penser par eux-mêmes. Mill s'attache alors à montrer comment se constitue et surtout comment fonctionne une telle prétention à l'infaillibilité, ou une telle présomption d'infaillibilité. Ce qui est étonnant, en effet, n'est pas tant que « les princes absolus » puissent se croire infaillibles, car, toujours, leurs opinions sont reçues dans le silence d'une aveugle soumission et eux-mêmes sont l'objet d'une « déférence illimitée », mais plutôt qu'un homme à « l'esprit large et libéral » puisse également tomber dans le piège de ce qu'on peut appeler l'illusion d'infaillibilité. Mill considère d'abord des hommes « qui voient parfois leurs opinions disputées, et qui ne sont pas complètement inaccoutumés à être corrigés lorsqu'ils ont tort ». Mais tout en reconnaissant alors intimement que leurs croyances peuvent être erronées, tout en se défiant de leur « jugement solitaire », ces hommes ne peuvent s'empêcher d'accorder au « monde » qui est le leur, à savoir leur « parti », « secte », « Église » ou « classe sociale », l'infaillibilité qu'ils se refusent pourtant à eux-mêmes. Tout se passe comme si le sens aigu de leur propre faillibilité individuelle se trouvait contrecarré, et finalement nié, par la confiance sans bornes donnée aux opinions, aux conduites et aux valeurs du monde social les entourant. Cette confiance apporte en retour à ces hommes une sécurité, une stabilité, produites par le fait d'avoir en partage certaines croyances avec d'autres hommes qu'eux. Mill montre ensuite que l'infaillibilité accordée au monde social environnant rend les hommes insensibles à la contingence de leur appartenance, de leur enracinement sociohistorique ainsi qu'à la relativité radicale des croyances et des valeurs auxquelles ils adhèrent. À la différence de l'homme ordinaire, l'homme à « l'esprit large et libéral » étend « le terme de "monde" à son pays ou son époque » et sait que son monde porte des valeurs et des croyances que d'autres mondes, pays ou époques refusent et contredisent. Il sait bien aussi que c'est par « un pur hasard » qu'il accorde sa créance à tel monde, à ce monde-ci plutôt qu'à tout autre, car il aurait pu naître « confucianiste à Pékin » et non « anglican à Londres ». Mais toutes ces évidences restent sans effets sur sa compulsion à croire. Pourtant les époques sont aussi faillibles que les individus. À ce compte, si les hommes accordent l'infaillibilité aux croyances héritées de leur appartenance contingente à tel environnement sociohistorique, c'est très probablement en raison du confort qu'apporte la « foi dans [une] autorité collective ». Au fond, les hommes se sentent moins sûrs de la vérité de leurs croyances que de la « nécessité » de ces dernières. Ils ne sauraient quoi faire sans elles. Les croyances collectives, les valeurs en vigueur en un certain temps et en un certain lieu acquièrent très vite le statut d'idoles incontestables. Leur relativité et leur provenance historique sont oblitérées ; elles apparaissent comme éminemment naturelles et intouchables. La coutume est, décidément, pour parler comme Pascal, une seconde nature. Cependant, à l'issue de cette analyse, Mill doit affronter deux objections possibles. Tout le texte est édifié sur ce modèle : c'est systématiquement que Mill développe les diverses facettes de son long et unique argument et discute les objections qui surgissent chemin faisant.

2. *Objections et réponses*

Le fait d'interdire « la propagation de l'erreur » ne suppose pas de la part du censeur une assomption d'infaillibilité plus importante que dans le cas de tout autre « acte accompli par l'autorité publique ». Interdire ce qui est jugé « pernicieux » consiste seulement, pour le pouvoir, à accomplir son devoir en conscience sans jamais cesser d'admettre et de reconnaître sa propre faillibilité. De surcroît, le propos de Mill pourrait dangereusement être étendu à tout acte et toute décision politique, favorisant ainsi l'inaction coupable du pouvoir. En effet, si l'on renonce à censurer ce qu'on tient pour faux ou dangereux, au motif qu'on risque et craint de commettre une erreur (on écarterait la vérité en la tenant à tort pour fausse) alors on devra aussi renoncer à « lever des impôts », « à faire des guerres » parce que l'expérience nous apprend que l'autorité publique a « levé de mauvais impôts », a « mené des guerres injustes ». Même si la censure peut sans doute, à l'occasion, supprimer la vérité, cela ne justifie pas pour autant de refuser à « l'autorité publique » le droit légitime « d'empêcher les mauvaises gens de pervertir la société en propageant des opinions » qu'elle juge en conscience « fausses et pernicieuses ». Mill écarte cette première objection en pointant la contradiction qui existe entre la reconnaissance de la faillibilité, que suppose explicitement l'objection, et la pratique de la censure. L'objection énonce que « le devoir du gouvernement » est « de se former les opinions les plus justes », « sans jamais les imposer aux autres à moins d'être tout à fait sûrs d'avoir raison ». Mais ce point revient à présumer, à assumer que l'on est infaillible. La certitude d'avoir raison et le sentiment d'être dans le vrai sont une chose ; tout autre chose est d'imposer aux hommes cette même certitude en leur interdisant de se rapporter à une opinion adverse et contradictoire. Par conséquent, et en écartant la perspective illusoire d'une infaillibilité qui ne dit pas son nom, la reconnaissance rigoureuse de la faillibilité humaine a pour nécessaire corrélat la libre circulation et discussion des opinions, unique viatique pour que puissent être forgées des opinions garanties et « seule façon rationnelle donnée à un être doué de facultés humaines de s'assurer qu'il est dans le vrai ».

Toutefois, surgit une seconde objection qui consiste à dissocier la vérité de l'utilité d'une opinion. On dira alors que certaines « croyances » sont « si utiles », « si indispensables au bien-être » social que le « devoir des gouvernements » est de les défendre, sans que cela suppose que les gouvernements s'érigent en garants infaillibles des opinions. Ce serait donc en vue de la protection de l'utilité d'une opinion, d'une doctrine hautement utile socialement, et non pas vraie à proprement parler, qu'il faudrait limiter la circulation de certaines opinions. Mais, rétorque Mill, comment s'assurer de la réalité de l'utilité sociale d'une opinion sans pouvoir la discuter librement et, donc, la confronter à d'autres opinions qui questionnent et remettent en cause son utilité présumée ? Par conséquent, l'infaillibilité est toujours de mise mais « simplement déplacée ». Interdire une opinion jugée fausse au nom de la vérité ou restreindre la circulation de telle autre opinion pour protéger une doctrine utile socialement, cela revient au même. On s'érige toujours en « garant infaillible des opinions» et on refuse de considérer que «l'utilité d'une opinion est affaire d'opinion», qu'elle est intégralement relative au test de la libre discussion. De plus, cela peut-il avoir un sens de permettre à quelqu'un de défendre publiquement l'utilité d'une opinion, et de lui interdire de défendre la vérité de cette même opinion, ou inversement? À l'évidence, non, car «la vérité d'une opinion fait partie de son utilité». Mill plaide en faveur de l'idée selon laquelle ce qui est finalement le plus utile à la société est, par le moyen de la libre discussion, de pouvoir examiner diverses doctrines se présentant comme également et contradictoirement utiles afin de déterminer ce que pourrait être une conception justifiée et garantie de ce qui est authentiquement utile. Mill renforce sa démonstration en illustrant à l'aide de trois exemples historiques ce qu'il y a de néfaste dans le fait de vouloir entraver la libre expression des opinions.

3. *Les leçons du passé*

Mill avance ces exemples «mémorables» afin de produire sur ses lecteurs un effet de conviction. Ils portent témoignage du moment nécessaire où la présomption d'infaillibilité se mue en violence et en persécution. Ce n'est plus seulement une doctrine qu'il s'agit d'éradiquer ou d'écarter mais aussi ceux qui la professent. Il y a d'ailleurs, à regarder l'histoire, une sombre et tragique ironie qui veut que des doctrines, autrefois persécutées, semblent ne survivre à leurs injustes tourments que pour mieux se constituer, à leur tour, en doctrines persécutrices. Mill mobilise successivement la figure de Socrate (ve s. av. J.-C.), celles du Christ et de Marc Aurèle (121-180). Mill lit le procès de Socrate comme le conflit qui oppose «l'homme le plus vertueux de son temps» mais aussi le maître de «tous les éminents penseurs qui vécurent après lui» à l'intolérance de l'opinion publique athénienne. Le Christ se trouve également condamné par «des hommes qui possédaient au plus haut point les sentiments religieux, moraux et patriotiques de leur temps et de leur peuple », des hommes socialement respectables et respectés. Ce que pointe Mill est donc ceci : la persécution d'un homme et d'une doctrine à une époque donnée est le fait d'hommes qui s'encadrent et s'enferment de façon zélée dans les croyances socialement en vigueur et qui, en toute bonne foi et en toute bonne conscience, s'abandonnent à la violence parce qu'ils sont littéralement incapables de faire place à tout ce qui diffère de leur manière de vivre et de penser. Accuser quelqu'un « d'immoralité », « d'impiété » est une conséquence directe de l'assomption d'infaillibilité alors même que, rétrospectivement, l'on ne peut que constater tout ce que les figures de Socrate et du Christ ont intellectuellement et moralement apporté aux hommes. L'exemple « le plus frappant » est celui de l'empereur et philosophe Marc Aurèle. Selon Mill, Marc Aurèle, malgré son adhésion à la doctrine stoïcienne, « conserva le plus tendre des cœurs » ; monarque éclairé, il était « d'une intelligence ouverte et libre ». Mais, sage parmi les sages, Marc Aurèle se fait pourtant le persécuteur du christianisme. La chose est d'autant plus stupéfiante que, selon Mill, le stoïcisme que professait l'empereur formait comme un protochristianisme. Marc Aurèle a donc cru qu'il était de son devoir de contenir les progrès du christianisme qu'il considérait de bonne foi comme un menace pour l'équilibre social de l'Empire. Mill veut faire apparaître qu'aucune époque, et surtout pas la sienne, ne peut se croire délivrée de la possibilité incontrôlée d'une poussée d'intolérance et de persécution car personne, par avance et de façon définitive, ne peut se tenir pour quitte de l'illusion d'infaillibilité. En ce sens, le procès de Socrate est de tous les temps. Mill doit toutefois examiner un argument qui énonce « que la persécution est une épreuve que la vérité doit subir ».

4. Rémanences de la persécution

Cet argument « en faveur de l'intolérance religieuse »
que Mill attribue au docteur Samuel Johnson (1709-1784)
oppose la vérité et l'erreur en alléguant que « les sanctions
s'avèrent toujours impuissantes contre la vérité » et qu'elles
sont efficaces contre l'erreur seule. Mill répond à cet
étrange argument en insistant sur deux points. D'une part,
remarque-t-il ironiquement, l'argument semble manifester
une manière de bienveillance à l'endroit de « vérités nouvelles » mais, de façon paradoxale, l'accueil qu'il accepte
de réserver à ces vérités se caractérise par la violence. L'argument est un argument *ad hoc* avancé par ceux qui tiennent, au fond, que l'humanité possède d'ores et déjà, et
en nombre suffisant, les vérités dont elle a besoin. D'autre
part, « c'est pure sensiblerie » de penser que la vérité pos-
séderait par elle-même « le pouvoir de passer outre le
cachot et le bûcher ». La persécution est aussi efficace
contre la vérité que contre l'erreur, même si la vérité
semble avoir la propriété d'insister et de resurgir, de loin
en loin, jusqu'au moment où des conditions moins défa-
vorables socialement lui permettent de se fixer et de
s'étendre. Mill étudie alors les pratiques de persécution
encore à l'œuvre dans une époque qui se vante et se flatte
pourtant d'en avoir terminé avec la persécution. Il analyse
plusieurs exemples de « persécution légale ». Examinons
en détail l'un d'entre eux. En août 1857, le baron de Gleichen, victime d'un vol, n'a pu bénéficier d'un témoignage
qui aurait pu permettre de confondre son voleur au motif
que le témoignage aurait été apporté par quelqu'un professant des opinions irréligieuses, à savoir quelqu'un ne
croyant en aucun dieu, ni d'ailleurs « en une vie future ».
Mill montre les graves inconséquences d'un tel dispositif
légal. D'abord, il tend à refuser aux personnes irréligieuses
la protection de la loi car les témoignages que ces dernières pourraient produire elles-mêmes, ou faire produire

par d'autres partageant ces mêmes convictions, sont irre-
cevables. La loi considère que seul le serment d'une personne religieuse est recevable parce que le fait de croire
en une vie future constitue une garantie nécessaire et suffisante contre le mensonge en sorte que, voulant se prémunir contre le mensonge, elle encourage « tous les athées
à mentir » et suppose, de façon insultante, que c'est la
crainte de l'enfer qui retient les croyants de sombrer dans
le parjure. Mill parle alors « d'une règle qui se condamne
[...] à l'absurdité » et qui forme « comme un reste de persécution ». Plus généralement, la rémanence latente, mais
réelle, d'attitudes relevant de la persécution religieuse s'effectue davantage par la stigmatisation sociale que par la
loi même, et Mill oppose avec force et conviction la
situation de dépérissement intellectuel et moral dans
laquelle végète l'Angleterre de son temps aux trois grands
moments historiques que furent la Réforme, la deuxième
moitié du XVIIIᵉ siècle et « l'Allemagne au temps de Goethe
et de Fichte ». Ces trois moments sont le produit direct
d'une très grande liberté de pensée et de discussion qui
rompt le joug intellectuel d'une ancienne façon de pensée. Mill est parvenu, à la fin de l'analyse de la première
branche de l'argument, à démontrer clairement le mal que
constitue toute tentative, ou démarche, visant à faire taire
une opinion présumée fausse mais qui peut finalement
s'avérer vraie. Il reste à établir en quoi le fait de réduire
au silence une opinion effectivement fausse est tout aussi
préjudiciable.

Ce faisant, Mill développe une réflexion sur l'histoire de
la vérité. Son propos, implicitement, contient une philosophie de l'histoire. Certains passages de l'*Autobiographie*
donnent à lire les convictions de Mill touchant au processus historique. Mill subit l'influence des théories de
Saint-Simon et de Comte, il reprend à son compte leur
compréhension du devenir historique humain, qui est
aussi bien une théorie du progrès. On distingue, au sein
du processus historique, des phases, ou périodes, dites

organiques et des phases dites critiques. Les premières se
caractérisent par le règne largement accepté de certaines
fortes croyances qui contiennent plus ou moins de vérité et
qui sont adaptées aux besoins des hommes. Les secondes,
en revanche, sont marquées par la négativité de la critique
qui conduit les hommes à abandonner leurs anciennes
croyances sans toutefois que de nouvelles parviennent à les
supplanter et à imposer, à leur tour, leur autorité. Comme
le dit Mill, la seule conviction qui s'impose est celle selon
laquelle les vieilles croyances sont fausses. Il pense en fait
qu'une phase critique a été ouverte avec la Réforme et
qu'elle est toujours en cours lorsqu'il écrit *De la liberté*. Il
appelle de ses vœux, dans l'*Autobiographie*, une sortie de
cette période transitoire en vue d'un futur qui pourrait
réconcilier le meilleur des périodes organiques et le
meilleur des périodes critiques, à savoir : des convictions
touchant à ce qui est bon et mauvais, utile et pernicieux,
profondément ancrées dans les sentiments de tous, mais
aussi une très large liberté de penser et d'agir ne portant
pas atteinte à autrui. S'agissant de l'historicité de la vérité,
elle n'est que la suite de la reconnaissance rigoureuse de
la faillibilité humaine. La vérité n'est jamais acquise une
fois pour toutes et elle est susceptible de degrés. Il est donc
toujours possible qu'une nouvelle expérience, ou qu'un
nouvel argument, survienne et modifie nos doctrines les
plus fermement établies. Par conséquent, la vérité ne peut
être élaborée que dans et par le processus ouvert et
inachevé de la libre discussion, au point qu'il faut tenir que
le sujet de la vérité et de la connaissance est nécessairement collectif.

2.
La vérité a-t-elle une histoire ?

On pourrait considérer, à bon droit, que si les opinions reçues sont vraies, il est sans doute peu utile de prendre en considération d'autres opinions qui, conformément à la deuxième branche de l'argument, sont tenues pour entièrement et parfaitement fausses. À quoi bon prêter attention à une « théorie géocentrique » si la vérité nous est fournie par la doctrine « héliocentrique » ? Tout l'effort de Mill consiste à faire valoir que toute opinion vraie et garantie par hypothèse, toute vérité digne de ce nom est vouée à subir un processus nécessaire d'entropie, de dégénérescence si elle ne se trouve pas en capacité de rendre raison d'elle-même et de son contenu en répondant aux objections d'opinions adverses, aussi fausses soient-elles par ailleurs. L'opinion garantie perd sa teneur de sens et son noyau vif de vérité si elle est dispensée de toute confrontation avec une opinion contraire et de toute remise en question. Pour ceux qui la professent et y adhèrent, l'opinion vraie n'existe plus que sous les atours d'un « dogme mort », et non d'une « vérité vivante ». Si un individu reprend à son compte une opinion vraie et garantie en se fiant à l'autorité quelconque d'un autre homme et se rend, *ipso facto*, incapable de répondre à la moindre objection qu'on lui adresserait, alors il se borne à acquiescer aveuglément à la vérité et s'y rapporte comme à un simple préjugé. Mill s'attache, comme à l'accoutumée, à écarter diverses objections qu'on pourrait formuler à l'encontre de sa thèse.

1. *La vie de la vérité*

La première objection consiste à avancer qu'il faut enseigner aux hommes les fondements de leurs opinions. Plus précisément, en l'absence de toute contestation effective des opinions en question, il importerait uniquement de mettre les hommes en rapport avec les éléments qui justifient et étaient en profondeur les vérités qui leur ont été transmises. L'objection est empruntée au modèle des vérités mathématiques, ou géométriques : « Ceux qui étudient la géométrie ne se contentent pas de mémoriser les théorèmes, mais […] ils en apprennent également les démonstrations. » Il est « absurde de prétendre qu'ils demeurent ignorants des fondements des vérités géométriques sous prétexte qu'ils n'entendent jamais qui que ce soit les rejeter ». Mill concède la pertinence de l'objection, s'agissant tout du moins des mathématiques. Ces vérités sont ainsi constituées que la démonstration d'un théorème exclut, par exemple, la possibilité de sa négation ou de sa contestation : « Il n'y a ni objection ni réponses aux objections. » En revanche, si l'on considère la « philosophie naturelle », c'est-à-dire la physique, ou encore « des sujets infiniment plus compliqués », comme « la morale, la religion, la politique », deux situations apparaissent. Soit, dans le cas de la philosophie naturelle, il s'agit de montrer en quoi la doctrine adverse est fausse, condition *sine qua non* pour comprendre « les fondements de notre opinion ». Soit, dans tous les autres cas où règne fortement le probable, il faut pouvoir « dissiper les aspects favorables de l'opinion opposée ». Mill élargit son propos en considérant que connaître véritablement l'opinion, ou la doctrine, que nous professons exige aussi bien la maîtrise des raisons qui étaient ladite opinion que la familiarité avec d'éventuelles opinions adverses en même temps que l'aptitude à les réfuter. Cela suppose l'effort consistant à occuper mentalement la place « de ceux qui pensent différemment », de sorte qu'un « esprit parfaitement éclairé » est celui d'un homme qui aura « également et impartialement » envisagé les deux opinions concurrentes. Toutefois, une nouvelle objection apparaît : il n'est pas utile que « le commun des hommes » soit capable d'exposer les faiblesses d'une opinion adverse. Il suffit qu'on lui enseigne les fondements des opinions. Pour le reste, il n'a qu'à s'en remettre à l'autorité qui lui assure qu'il est des hommes capables de réfuter adéquatement d'éventuelles opinions adverses. Mill répond à l'objection en deux temps.

2. *Élite et vérité*

Il a souligné le fait que la pleine positivité de l'échange contradictoire tient à la possibilité concrète de s'affronter effectivement à des objections formulées par ceux qui défendent réellement et ardemment un point de vue adverse. Or, on voit mal comment il serait possible de répondre à des objections si elles ne sont jamais formulées et comment l'on pourrait tenir les réponses aux objections pour satisfaisantes « si ceux qui objectent » ne peuvent montrer qu'elles ne le sont pas. L'Église catholique, qui permet à certains membres du clergé d'étudier des positions adverses, ne forme jamais que des esprits dotés d'une plus grande culture, non d'une plus grande liberté d'esprit. L'objection repose sur une division de l'humanité entre une élite et le commun des hommes. Mill, après avoir accepté cette partition et établi que même une élite ne peut faire l'économie de la libre discussion, signale ensuite le tort qu'il y aurait à laisser le public dans la situation consistant à adopter des opinions en se soumettant à l'autorité d'une telle élite. En effet, sans une pratique générale et exigeante de la libre discussion, c'est le sens même de l'opinion qui se dévitalise et meurt. Un magnifique passage précise que la croyance morte semble « demeurer hors de l'esprit, désormais encroûté et pétrifié […], figement [le terme signifie l'action de figer quelque chose et le résultat de l'action] qui se manifeste par une allergie à toute conviction nouvelle et vivante et qui joue le rôle de sentinelle afin de maintenir vides l'esprit et le cœur ». La croyance, lorsqu'elle ne possède plus et n'anime plus celui qui croit, lorsqu'elle finit par se tenir comme à l'extérieur de l'esprit qui adhère, se donne finalement comme une peau morte. Elle n'est plus qu'un intermédiaire néfaste qui s'intercale entre l'esprit de l'individu et toute possible influence nouvelle. Puisqu'elle n'habite plus intimement l'individu, puisqu'il ne vit plus en elle et qu'elle a cessé de palpiter en lui, alors sa seule fonction consiste à conserver le vide qu'elle a introduit dans l'individu même. Mill présente les stades historiques que connaît et traverse nécessairement toute croyance (et, à sa suite, la vérité ou la part de vérité qu'elle peut contenir) en examinant le sort de doctrines morales et religieuses. Le premier moment est celui de l'affirmation, de la conquête et de l'expansion. La croyance nouvelle, portée par ses « initiateurs » et « leurs premiers disciples » est intensément connue et vécue. Le deuxième moment coïncide avec la stabilisation de la dynamique initiale de la croyance. Celle-ci occupe alors en totalité ou en partie l'espace social. Ses défenseurs « n'écoutent plus que rarement les arguments avancés contre leur credo et cessent d'ennuyer leurs adversaires, s'il y en a, avec des arguments en sa faveur ». Vient enfin la phase du déclin au cours de laquelle la croyance régresse, sans jamais toutefois disparaître, au rang de dogme mort. C'est à présent une croyance héritée et qui, comme telle, a perdu toute sa puissance de sollicitation vitale. Selon Mill, le destin du christianisme exhibe ce nécessaire processus historique qui prend la forme d'un cycle ternaire. Seule la libre discussion peut briser le mouvement de cet enchaînement cyclique. Mill doit cependant affronter une objection qui pointe une conséquence problématique de son propos.

3. *Unanimité et vérité*

Si l'on pose l'apparition d'un consensus unanime au sein d'une communauté autour de croyances vraies et justifiées, alors un tel triomphe de la vérité semble une bien

étrange victoire à la Pyrrhus (au prix de lourdes pertes).
De deux choses l'une : soit le sens de la croyance inéluc-
tablement se meurt ; soit, pour maintenir efficace la libre
discussion et pour que les hommes comprennent la vérité,
il faut accepter qu'une « partie de l'humanité persiste dans
l'erreur ». Mill avance, d'abord, que les progrès de l'humanité se mesurent « au nombre et à l'importance des vérités arrivées au point de ne plus être contestées ». Cette
nécessaire consolidation de l'opinion est bien sûr salutaire
si l'on a affaire à des opinions vraies, et non à des croyances
fausses. Il y a donc une ambivalence incontestable de cette
consolidation car elle constitue « un inconvénient non
négligeable ». Il faut donc maintenir vivante la pratique
sociale de la libre discussion afin que les hommes conservent présent en eux le sens de la vérité. Mill considère que
deux modèles de discursivité dialogique et contradictoire
hérités de l'histoire pourraient fournir aux hommes une
aide précieuse : la dialectique socratique et la disputation
pro et contra des universités du Moyen Âge. Il précise sa préférence pour la première en raison du fait que les prémisses en jeu sont issues de la raison, non de l'autorité
d'un maître. Écartant cette troisième objection, il peut
alors entreprendre l'examen du troisième cas, cas le plus
répandu dans lequel l'opinion tue recèle une partie de la
vérité et l'opinion reçue contient également en elle une
autre partie de la vérité. Le mal qui s'attache à la censure,
en ce cas, réunit, ou rassemble, les acquis des deux précédentes analyses et démonstrations. D'une part, la censure
interdit d'apercevoir la partialité de l'opinion reçue et de
la compléter à l'aide de la portion de vérité recelée par
l'opinion hérétique. D'autre part, l'atteinte portée à la
libre discussion fait perdre le sens profond de la partie de
vérité qu'abrite l'opinion reçue. Mill développe alors une
vision assez sombre du processus historique qui complète
les précédentes analyses. Non seulement les croyances et
doctrines ont une tendance naturelle à la pétrification lorsqu'elles cessent d'être travaillées par l'exercice de la libre

discussion mais, plus encore, l'histoire apprend que
lorsque qu'une opinion succède à une autre, les hommes
remplacent par une vérité partielle une autre vérité partielle. Loin que la nouvelle opinion parvienne à se com-
biner, à se concilier, avec l'opinion en vigueur, elle tend
à écarter cette dernière en se présentant, à son tour,
« comme l'entière vérité ». Il prend l'exemple (entre
autres) de la philosophie de Jean-Jacques Rousseau (1712-
1778) qui considérait « le mérite supérieur de la vie simple,
l'effet débilitant et démoralisant [...] des hypocrisies
d'une société artificielle ». Rousseau a permis, ce disant, de
« disloquer la masse de l'opinion partiale et de forcer ses
éléments à se reconstituer sous une meilleure forme ».
Même si l'opinion admise contenait sans doute plus de
vérités positives que la philosophie de Rousseau, nous comprenons alors que la vérité est foncièrement « affaire de
conciliation et de combinaison des extrêmes ». Mill est parfaitement au fait que le choc, la collision des opinions peut
toujours produire des effets peu enviables. Chaque camp
qui porte une partie de la vérité voit en l'autre un adversaire et un ennemi, jamais un partenaire, de sorte que chacun s'accroche à l'opinion qu'il défend en la tenant pour
l'entière et exclusive vérité. La libre discussion, loin de
mettre fin à la violence des hommes, l'exacerbe jusqu'à
l'instant fatal où les sectarismes en présence cesseront
même de se parler pour se battre autrement que par des
discours. Il considère, cependant, que l'homme est un être
faillible, que rares sont les hommes capables de discerner
au cœur de chaque opinion en conflit la part de vérité qui
y est contenue. Par conséquent, le processus rugueux de
la discussion contradictoire est toujours fondamentalement requis et c'est « la suppression d'une partie de la
vérité » qu'il faut redouter, et non pas « la lutte violente
entre les parties de la vérité ». Il est toujours utile, malgré
les risques évoqués, que chaque facette de la vérité puisse
être défendue même s'il faut reconnaître que la discussion
est avant tout bénéfique pour « le spectateur calme et

désintéressé », à même d'élaborer de façon impartiale une vision plus globale de la vérité. Pour Mill, il est assurément une positivité inéliminable et irremplaçable qui s'attache à la négativité même du conflit des opinions.

3.
À quelles conditions une discussion est-elle authentique ?

1. *La dimension offensante*

Mill doit faire face à une ultime objection. Ne faut-il pas, malgré tout, faire intervenir une condition à la libre circulation et discussion des opinions, qui serait que l'échange contradictoire doit se tenir dans les bornes de la discussion loyale ? Mill va s'attacher à refuser cette condition pour plusieurs raisons. Admettons que le critère qui permet de faire le départ entre une discussion loyale et une discussion qui cesse de l'être et qui permet de fixer les bornes de toute discussion correcte tient à l'offense éprouvée par celui dont les opinions sont attaquées. Si celui-ci tient à ses opinions et si « l'attaque est éloquente et puissante », alors l'individu se sentira offensé par les objections qu'on lui adresse et considérera que son adversaire manque franchement de modération. Dès lors, toute discussion vive et engagée porte avec elle une possible dimension offensante pour celui qui voit ses opinions contestées. Plus généralement, lors de discussions contradictoires, il existe de fréquentes offenses d'une nature un peu différente. Mill indique que « la plus grave de ces offenses est le sophisme, la suppression de certains faits ou arguments, la déformation des éléments du cas en question ou la dénaturation de l'opinion adverse ». Ces procédés sont déloyaux et faussent le mouvement correct, la dynamique générale de la discussion. Mais il remarque que tous ces procédés sont, le plus souvent, mis en œuvre « en toute bonne foi ». Celui qui, par exemple, commet un sophisme, c'est-à-dire qui produit un raisonnement faux qui a toutes les apparences de la validité, obtient sans doute un avantage dans la discussion mais c'est en se trompant, et non en cherchant à tromper autrui, qu'il effectue ce raisonnement erroné. Autrement dit, pour Mill ces offenses n'en sont pas réellement car l'intention de nuire à autrui n'est pas avérée. Son propos concerne moins des procédés sciemment mis en œuvre par d'habiles sophistes, ou de fins rhéteurs, que des fautes logiques dont se rendent victimes des orateurs ordinaires lors d'une discussion, même s'il est possible qu'ils en retirent un bénéfice ponctuel.

2. *Distinguer le contenu de l'opinion de la façon dont elle est exprimée*

Par conséquent, puisque les gens commettent sans cesse de telles erreurs, la loi ne saurait « prétendre à interférer dans ce genre d'inconduite controversée ». S'agissant, en revanche, du recours aux « invectives », aux « sarcasmes », aux « attaques personnelles », les choses se présentent un peu différemment. Mill note que « la dénonciation de ces armes mériterait plus de sympathie si l'on proposait un jour de les interdire des deux côtés ». Ceux qui sont les plus prompts à dénoncer invectives et sarcasmes sont aussi ceux qui ne rechignent jamais à en faire usage. L'expérience atteste, selon Mill, que les défenseurs de l'opinion dominante qui se laissent aller à invectiver ceux qui font valoir des opinions minoritaires sont applaudis pour leur « zèle honnête » et leur « juste indignation ». Ce type de pratique injurieuse et calomnieuse est surtout le fait des partisans de l'opinion reçue. En revanche, l'opinion adverse, qui cherche à faire valoir sa voix, a tout à perdre à faire de même. Pour être écoutés et entendus, les partisans de l'opinion minoritaire doivent veiller à modérer leur propos « en mettant le plus grand soin à éviter toute offense inutile », faute de quoi ils ne parviendraient qu'à desservir leur cause. Puisqu'il est clair que la pratique de l'invective ne bénéficie jamais vraiment à l'opinion minoritaire mais toujours plutôt à l'opinion majoritaire, qui ne se prive jamais de cette arme, alors « il est bien plus important de réfréner l'usage du langage injurieux » dans ce dernier cas. Mill estime qu'il vaudrait mieux, à choisir, lutter contre les injures faites à l'incroyance plutôt qu'à la religion. En toute hypothèse, insiste-t-il, ni la loi ni l'autorité sociale n'ont leur mot à dire en ces matières. Il importe de parvenir à distinguer le contenu même de l'opinion de la façon dont elle se trouve exprimée. Il faut également pouvoir déterminer, le cas échéant, si la présentation ou la réfutation d'une opinion comporte de la mauvaise foi ou une intention manifeste de tromper autrui. Voilà en quoi consiste essentiellement la véritable moralité de la discussion publique : s'abstenir de toute mauvaise foi et la détecter si elle a cours. En répondant à cette ultime remarque, Mill a donc patiemment et méthodiquement défait toutes les objections qui pourraient conduire à restreindre la liberté d'expression et de discussion des opinions.

Groupement de textes

Figures de la discussion

NOUS AVONS VU l'importance que John Stuart Mill accorde à la libre discussion des opinions en vue de l'établissement de la vérité et du maintien de son sens. Sans doute, dans une acception rigoureuse, la discussion n'est-elle pas un simple échange de propos insignifiants mais bien plutôt l'examen rationnel, rigoureux et contradictoire d'une question, qui met en jeu l'affrontement réglé d'arguments. Cependant, et Mill en est d'ailleurs bien conscient, la confrontation d'opinions adverses est souvent un dialogue de sourds. Chaque opinion, certaine de constituer toute la vérité alors qu'elle n'est, peut-être, que l'expression masquée d'intérêts sociaux, monologue de son côté, manifestant son incapacité à discuter. Comment tenir ensemble la violence latente ou manifeste du choc des opinions et la haute exigence de rationalité dont une discussion authentique doit être porteuse ? Comment faire la différence entre la persuasion qui séduit et l'opération visant à convaincre, censée s'en tenir au strict registre des arguments et de la logique ? Comment, enfin, déceler, dans telle ou telle prise de parole, l'œuvre du savoir-faire d'un habile rhéteur ? Pour tenter d'y voir clair, il est bon, à l'instar finalement de Mill lui-même, d'en appeler à la figure de Socrate. Socrate pratique le dialogue et ne s'engage jamais vraiment dans une discussion pour la bonne raison qu'il se borne à demander à son interlocuteur de lui proposer, à propos d'un sujet donné, son opinion. Socrate fait alors surgir les contradictions inaperçues que supposent le point de vue avancé, et accouche, ce faisant, l'âme de son partenaire de dialogue. Dans notre texte, Socrate nous permet de mesurer l'écart entre une démarche réfutative soucieuse de vérité et la recherche du triomphe caractéristique de la rhétorique. Plus largement, on comprendra, avec Éric Weil, que le dialogue rationnel est toujours hanté par son autre : la violence. Toutefois, dans le cas d'un échange intense et profond entre deux ou plusieurs interlocuteurs, ne peut-on soutenir que les discours qui s'entrelacent conquièrent une sorte d'autonomie qui forme comme l'événement du sens partagé ? C'est ce que s'efforce de penser Merleau-Ponty. Gadamer, quant à lui, réfléchit à la dimension thérapeutique du dialogue ou de la discussion. Enfin, le texte de Ionesco met en scène une discussion, non pas insignifiante, mais qui relève de l'absurde et du non-sens.

1.

PLATON (428-347 av. J.-C.)

Gorgias (390-385 av. J.-C.)

(trad. de Léon Robin, folio essais n° 347)

Platon, en mettant en scène cet échange entre le rhéteur Gorgias et Socrate, procède à une subtile critique de la rhétorique. La rhétorique, outre qu'elle n'est pas un art véritable, apparaît comme une pratique violente du discours, pour laquelle seule la victoire compte. Sans être expert, à l'instar du médecin ou du stratège, sinon dans l'art de parler, Gorgias emporte l'adhésion de ceux qui l'écoutent en parvenant à persuader, à faire croire sans jamais faire connaître. Socrate vante la réfutation comme moyen exigeant d'atteindre la vérité, tandis que Gorgias, gonflé d'orgueil, se vante et vante la puissance de son art.

GORGIAS : [...] j'ai déjà accompagné mon frère, ainsi que d'autres médecins, au chevet de quelque malade qui se refusait à boire une drogue ou à laisser le médecin lui tailler ou brûler la chair : celui-ci était impuissant à le persuader ; moi, sans avoir besoin d'un autre art que de l'art oratoire, je le persuadais ! Voici venir, d'autre part, en telle cité que tu voudras, un homme qui sait parler et un médecin ; suppose qu'un débat contradictoire s'engage dans l'Assemblée du Peuple, ou dans quelque autre réunion, pour savoir qui l'on doit choisir pour médecin, le médecin n'y ferait pas longtemps figure, et celui qui, bien plutôt, serait choisi, s'il le voulait, ce serait celui qui est capable de bien parler ! Suppose encore que ce débat s'engage contre n'importe quel autre professionnel : l'homme habile à parler réussirait, mieux que n'importe qui d'autre, à faire porter le choix sur lui-même ; car, sur quoi que ce soit, devant une foule, l'homme habile à parler le fera d'une façon plus persuasive que n'importe qui d'autre. Voilà donc quelle est, en étendue comme en qualité, la vertu de l'Art.

À la vérité, Socrate, avec l'art oratoire, il faut en user comme on le fait avec toute autre compétition qui nous met aux prises avec quelqu'un. Ce ne doit pas être là en effet la raison, dans les autres compétitions, d'en pratiquer l'objet indistinctement à l'encontre de tout le monde : parce qu'on sait pratiquer le pugilat, le pancrace, l'escrime en armes de façon à y être plus fort qu'amis ou ennemis, ce ne doit pas être en effet la raison d'être de ce savoir, de cogner sur ses amis, ni non plus de piquer dedans et de les tuer ; pas davantage, par Zeus ! s'il arrive qu'un homme, après avoir fréquenté la palestre, bien en forme physiquement, les poings exercés, cogne ensuite sur son père, sur sa mère ou sur quelque autre de ses proches ou de ses amis, ce ne doit pas être là une raison, à l'égard des maîtres de gymnastique ni de ceux qui enseignent l'escrime en armes, pour haïr ces gens-là, ni pour les chasser des cités ; car les gens dont il s'agit ont communiqué leur art afin qu'il en fût usé justement, pour combattre les ennemis et ceux qui commettent l'injustice, pour parer une attaque, non pour en prendre l'initiative. Mais ce qu'ils ont communiqué, les autres le retournent à l'envers ; de leur vigueur et de l'art qu'ils ont appris, ils usent d'une manière dénuée de rectitude. Conséquemment, ce ne sont pas ceux qui leur ont donné l'enseignement qui sont des pervers, et il n'y a pas là non plus de motif, ni pour incriminer l'art, ni pour le traiter d'art pervers, mais de faire cela plutôt, je crois, à l'égard de ceux qui en usent sans rectitude. On tiendra le même langage au sujet de l'art oratoire [...].

SOCRATE : Tu as, toi-même, Gorgias des discussions une abondante expérience, je crois, et tu as dû y observer quelque chose de ce genre : c'est que, aux interlocuteurs, il n'est pas facile d'être capables, après avoir déterminé les uns avec les autres la question sur laquelle ils ont entrepris de s'entretenir, de clôturer ensuite la séance dans des conditions telles qu'ils aient, à l'égard d'eux-mêmes, donné aussi bien que reçu un enseignement ; tout au contraire, quand ils sont en contestation et que l'un deux affirme que l'autre pense de travers ou nie qu'il s'exprime clairement, ils s'en fâchent et s'imaginent que c'est l'envie qui fait parler leur interlocuteur : gens désireux d'avoir le dessus, mais non pas d'enquêter sur la question qui a été proposée pour la discussion ; il y en a même qui finissent par se quitter de la façon la plus laide, proférant et entendant proférer, sur le compte des uns et des autres, des outrages d'une telle espèce que les assistants eux-mêmes souffrent, pour leur propre compte, d'avoir cru bon de se faire les auditeurs de pareilles gens ! Quel motif ai-je donc de parler ainsi ? C'est qu'à présent, tu ne dis pas, me semble-t-il, des choses qui soient pleinement conséquentes, non plus que consonantes, avec celles que tu disais en commençant au sujet de l'art oratoire. Aussi ai-je peur de t'argumenter, et que tu ne me supposes le désir d'avoir le dessus dans une discussion qui, au lieu de viser la chose à discuter, viserait ta propre personne. Si donc tu es toi-même de cette classe d'hommes dont je fais précisément partie, ce serait pour moi un plaisir de te poser toutes mes questions ; dans le cas contraire, j'en resterais là ! Or qu'est-ce que cette classe à laquelle j'appartiens ? C'est celle des hommes qui prendront plaisir à être réfutés, si je dis quelque chose qui n'est pas vrai ; mais qui prendront plaisir aussi à réfuter, si l'on dit quelque chose qui n'est pas vrai : de ceux qui, en vérité, ne trouveront pas, d'être réfutés, plus déplaisant que de réfuter ; car c'est là, à mon jugement, un plus grand bien, pour autant que c'est un bien plus grand d'être débarrassé soi-même d'un mal, de celui qui est le plus grand, plutôt que d'en débarrasser un autre : je ne pense pas en effet que, pour un homme, il y ait un mal aussi grave que de juger faux sur les questions qui font précisément l'objet de notre débat actuel ! Cela étant, si tu conviens d'être un homme de cette espèce, entretenons-nous ; si au contraire tu es d'avis qu'il faut en rester là, restons-en là dès maintenant ; bonsoir à l'entretien et clôturons-le !

2.

Maurice MERLEAU-PONTY (1908-1961)

Phénoménologie de la perception (1945)

(Tel n° 4)

Maurice Merleau-Ponty est un des plus grands philosophes français du XXᵉ siècle. Proche, un temps, de Sartre, travaillant dans le sillage de Husserl et de Heidegger, il développe une phénoménologie originale soucieuse d'élucider la nature de l'intersubjectivité. Dans notre texte, extrait de la thèse qui date de 1945, Merleau-Ponty donne à voir une rencontre inouïe avec autrui puisque le moi et l'autre, pris et compris dans le dialogue qu'ils conduisent, permettent à un nouvel et troisième être de surgir. Le dialogue, dans sa dynamique propre, rassemble et dépasse les altérités en présence : se forme un être commun aux deux interlocuteurs, qui est création d'un sens neuf et partagé.

Dans l'expérience du dialogue, il se constitue entre autrui et moi un terrain commun, ma pensée et la sienne ne font qu'un seul tissu, mes propos et ceux de l'interlocuteur sont appelés par l'état de la discussion, ils s'insèrent dans une opération commune dont aucun de nous n'est le créateur. Il y a là un être à deux, et autrui n'est plus ici pour moi un simple comportement dans un champ transcendantal, ni d'ailleurs moi dans le sien, nous sommes l'un pour l'autre collaborateurs dans une réciprocité parfaite, nos perspectives glissent l'une dans l'autre, nous coexistons à travers un même monde. Dans le dialogue présent, je suis libéré de moi-même, les pensées d'autrui sont bien des pensées siennes, ce n'est pas moi qui les forme, bien que je les saisisse aussitôt nées ou que je les devance, et même, l'objection que me fait l'interlocuteur m'arrache des pensées que je ne savais pas posséder, de sorte que si je lui prête des pensées, il me fait penser en retour. C'est seulement après coup, quand je me suis retiré du dialogue et m'en ressouviens, que je puis le réintégrer à ma vie, en faire un épisode de mon histoire privée, et qu'autrui rentre dans son absence, ou, dans la mesure où il me reste présent, est senti comme une menace pour moi.

3.

Éric WEIL (1904-1977)

Logique de la philosophie (1950)

(Éditions Vrin)

Éric Weil, philosophe né en Allemagne et qui obtient la naturalisation française dans les années 1930 au moment où Hitler est au pouvoir à Berlin, réfléchit dans ce texte sur les liens entre le langage et la violence. La philosophie doit prendre en compte le refus possible de la raison et du discours. Autrement dit, la philosophie, sous les atours du dialogue rationnel, est toujours menacée par son autre, par un désir secret qui procède d'un choix s'effectuant contre la raison. Si les hommes dialoguent, c'est qu'ils ont, jusqu'à un certain point, déjà consenti à renoncer à la violence.

En vérité, le problème qui se pose à celui qui cherche la nature du dialogue n'est nul autre que celui de la violence et de la négation de celle-ci. Car que faut-il pour qu'il puisse y avoir dialogue ? La logique ne permet qu'une chose, à savoir, que le dialogue, une fois engagé, abou-

tisse, que l'on puisse dire lequel des interlocuteurs a raison, plus exactement, lequel des deux a tort : car s'il est
certain que celui qui se contredit a tort, il n'est nullement
prouvé que celui qui l'a convaincu de ce seul crime contre
la loi du discours ne soit pas également fautif, avec ce seul
avantage, tout temporaire, qu'il n'en a pas été encore
convaincu. La logique, dans le dialogue, émonde le discours. Mais pourquoi l'homme accepte-t-il une situation
dans laquelle il peut être confondu ?

Il l'accepte, parce que la seule autre issue est la violence,
si l'on exclut, comme nous l'avons fait, le silence et l'abs-
tention de toute communication avec les autres hommes :
quand on n'est pas du même avis, il faut se mettre d'accord ou se battre jusqu'à ce que l'une des deux thèses dis-
paraisse avec celui qui l'a défendue. Si l'on ne veut pas de
cette seconde solution, il faut choisir la première, chaque
fois que le dialogue porte sur les problèmes sérieux et qui
ont de l'importance, ceux qui doivent mener à une modi-
fication de la vie ou en confirmer la forme traditionnelle
contre les attaques des novateurs. Concrètement parlant,
quand il n'est pas un jeu (qui ne se comprend que comme
image du sérieux), le dialogue porte, en dernier ressort,
sur la façon dont on doit vivre.

On ? C'est-à-dire les hommes qui vivent déjà en communauté, qui possèdent déjà ces données qui sont nécessaires pour qu'il puisse y avoir dialogue — les hommes qui
sont déjà d'accord sur l'*essentiel* et auxquels il suffit d'élaborer en commun les conséquences des thèses qu'ils ont
déjà acceptées, tous ensemble. Ils sont en désaccord sur
la façon de vivre, parce qu'ils sont en accord sur la nécessité d'une façon : il ne s'agit que de compléter et de préciser. Ils acceptent le dialogue parce qu'ils ont déjà exclu
la violence.

4.

Eugène IONESCO (1909-1994)

La Cantatrice chauve (1950)

(La bibliothèque Gallimard n° 11)

Eugène Ionesco, d'origine roumaine et qui devient, en 1970, membre de l'Académie française, s'inscrit avec Samuel Beckett dans un courant qu'on a pu nommer le théâtre de l'absurde. Il est l'auteur de nombreux textes et récits. Est présentée ici une discussion qui confine au non-sens, discussion dans laquelle le langage tourne à vide. La Cantatrice chauve, *créée en 1950, présente un échange entre deux personnages, M. et Mme Smith, couple de bourgeois anglais, dont le seul intérêt et la seule logique résident, précisément, dans l'absence de tout intérêt et de toute logique, d'où la drôlerie désespérée de cette scène.*

SCÈNE PREMIÈRE

Intérieur bourgeois anglais, avec des fauteuils anglais. Soirée anglaise. M.Smith, Anglais, dans son fauteuil et ses pantoufles anglais, fume sa pipe anglaise et lit un journal anglais, près d'un feu anglais. Il a des lunettes anglaises, une petite moustache grise, anglaise. À côté de lui, dans un autre fauteuil anglais, Mme Smith, Anglaise, raccommode des chaussettes anglaises. Un long moment de silence anglais. La pendule anglaise frappe dix-sept coups anglais.

Mme SMITH : Tiens, il est neuf heures. Nous avons mangé de la soupe, du poisson, des pommes de terre au lard, de la salade anglaise. Les enfants ont bu de l'eau anglaise. Nous avons bien mangé, ce soir. C'est parce que nous habitons dans les environs de Londres et que notre nom est Smith.

M. SMITH, *continuant sa lecture, fait claquer sa langue.*

Mme SMITH : Les pommes de terre sont très bonnes avec le lard, l'huile de la salade n'était pas rance. L'huile de l'épicier du coin est de bien meilleure qualité que l'huile de l'épicier d'en face, elle est même meilleure que l'huile de l'épicier du bas de la côte. Mais je ne veux pas dire que leur huile à eux soit mauvaise.

M. SMITH, *continuant sa lecture, fait claquer sa langue.*

Mme SMITH : Pourtant, c'est toujours l'huile de l'épicier du coin qui est la meilleure…

M. SMITH, *continuant sa lecture, fait claquer sa langue.*

Mme SMITH : Mary a bien cuit les pommes de terre, cette fois-ci. La dernière fois elle ne les avait pas bien fait cuire. Je ne les aime que lorsqu'elles sont bien cuites.

M. SMITH, *continuant sa lecture, fait claquer sa langue.*

Mme SMITH : Le poisson était frais. Je m'en suis léché les babines. J'en ai pris deux fois. Non, trois fois. Ça me fait aller au cabinet. Toi aussi tu en as pris trois fois. Cependant, la troisième fois tu en as pris moins que les deux premières fois, tandis que moi j'en ai pris beaucoup plus. J'ai mieux mangé que toi, ce soir. Comment ça se fait ? D'habitude, c'est toi qui manges le plus. Ce n'est pas l'appétit qui te manque.

M. SMITH, *fait claquer sa langue.*

Mme SMITH : Cependant, la soupe était peut-être un peu trop salée. Elle avait plus de sel que toi. Ha ! ha ! ha ! Elle avait aussi trop de poireaux et pas assez d'oignons. Je regrette de ne pas avoir conseillé à Mary d'y ajouter un peu d'anis étoilé. La prochaine fois, je saurai m'y prendre.

M. SMITH, *continuant sa lecture, fait claquer sa langue.*

Mme SMITH : Notre petit garçon aurait bien voulu boire de la bière, il aimera s'en mettre plein la lampe, il te ressemble. Tu as vu à table, comme il visait la bouteille ? Mais moi, j'ai versé dans son verre de l'eau de la carafe. Il avait soif et il l'a bue. Hélène me ressemble : elle est bonne ménagère, économe, joue du piano. Elle ne demande jamais à boire de la bière anglaise. C'est comme notre petite fille qui ne boit que du lait et ne mange que de la bouillie. Ça se voit qu'elle n'a que deux ans. Elle s'appelle Peggy.

La tarte aux coings et aux haricots a été formidable. On aurait bien fait peut-être de prendre, au dessert, un petit verre de vin de Bourgogne australien mais je n'ai pas apporté le vin à table afin de ne pas donner aux enfants une mauvaise preuve de gourmandise. Il faut leur apprendre à être sobre et mesuré dans la vie.

M. SMITH, *continuant sa lecture, fait claquer sa langue.*

Mme SMITH : Mrs Parker connaît un épicier roumain, nommé Popesco Rosenfeld, qui vient d'arriver de Constantinople. C'est un grand spécialiste en yaourt. Il est diplômé de l'école des fabricants de yaourt d'Andrinople. J'irai demain lui acheter une grande marmite de yaourt roumain folklorique. On n'a pas souvent des choses pareilles ici, dans les environs de Londres.

M. SMITH, *continuant sa lecture, fait claquer sa langue.*

Mme SMITH : Le yaourt est excellent pour l'estomac, les reins, l'appendicite et l'apothéose. C'est ce que m'a dit le docteur Mackenzie-King qui soigne les enfants de nos voisins, les Johns. C'est un bon médecin. On peut avoir confiance en lui. Il ne recommande jamais d'autres médicaments que ceux dont il a fait l'expérience sur lui-même. Avant de faire opérer Parker, c'est lui d'abord qui s'est fait opérer du foie, sans être aucunement malade.

M. SMITH : Mais alors comment se fait-il que le docteur s'en soit tiré et que Parker en soit mort ?

Mme SMITH : Parce que l'opération a réussi chez le docteur et n'a pas réussi chez Parker.

M. SMITH : Alors Mackenzie n'est pas un bon docteur. L'opération aurait dû réussir chez tous les deux ou alors tous les deux auraient dû succomber.

Mme SMITH : Pourquoi ?

M. SMITH : Un médecin consciencieux doit mourir avec le malade s'ils ne peuvent pas guérir ensemble. Le commandant d'un bateau périt avec le bateau, dans les vagues. Il ne lui survit pas.

Mme SMITH : On ne peut comparer un malade à un bateau.

M. SMITH : Pourquoi pas ? Le bateau a aussi ses maladies ; d'ailleurs ton docteur est aussi sain qu'un vaisseau ; voilà pourquoi encore il devait périr en même temps que le malade comme le docteur et son bateau.

Mme SMITH : Ah ! Je n'y avais pas pensé… C'est peut-être juste… et alors, quelle conclusion en tires-tu ?

M. SMITH : C'est que tous les docteurs ne sont que des charlatans. Et tous les malades aussi. Seule la marine est honnête en Angleterre.

Mme SMITH : Mais pas les marins.

M. SMITH : Naturellement.

Pause.

5.

Hans-Georg GADAMER (1900-2002)

Langage et vérité (1995)

(trad. de Jean-Claude Gens, Gallimard)

*Hans-Georg Gadamer, élève et ami de Martin Heidegger, spé-
cialiste de l'herméneutique, est un des très grands philosophes alle-
mands du siècle passé. Selon lui, les conditions pour qu'une
discussion digne de ce nom puisse avoir lieu sont telles qu'il faut
que je puisse me dire que l'autre, à qui je parle mais aussi que
j'écoute, a peut-être raison et moi tort. Dans ce texte de 1971,
extrait d'un recueil d'articles et intitulé, comme tel,* L'Inaptitude
au dialogue, *Gadamer montre la puissance de transformation
mais aussi la dimension souvent curative de la discussion.*

Qu'est-ce qu'un dialogue ? Assurément, nous entendons
par là un processus entre les hommes qui, en dépit de tout
élargissement et de toute infinité potentielle, possède une
unité propre et une clôture. Ce qui a été pour nous un
dialogue a laissé quelque chose en nous. Ce n'est pas
d'avoir expérimenté quelque chose de nouveau qui a fait
du dialogue un dialogue, mais que quelque chose de
l'autre soit venu à notre rencontre que nous n'avions pas
encore rencontré dans notre expérience du monde. Ce
qui mobilisait les philosophes dans la critique du penser
monologique, l'individu l'expérimente en soi-même. Le
dialogue a une force métamorphosante. Là où un dialogue a réussi, quelque chose nous est resté, et ce qui nous
est resté nous a changé. Ainsi le dialogue est particulièrement proche de l'amitié. C'est seulement dans le dialogue (et dans la communauté du rire qui est comme un
accord excessif, sans mots) que des amis peuvent se trouver l'un l'autre, et construire ce genre de communauté
dans laquelle chacun reste lui-même pour l'autre, car
chacun se trouve en l'autre et se change lui-même par
l'autre. [...]
Le dialogue thérapeutique sera particulièrement éclai-

rant pour notre propos, en particulier le dialogue thérapeutique cultivé dans la pratique psychanalytique. Car ici
l'incapacité au dialogue est justement la situation initiale
à partir de laquelle le réapprentissage du dialogue se présente comme le processus même de la thérapie. Ce qui
constitue le trouble pathologique qui entraîne finalement
le patient dans une détresse totale, c'est que la communication naturelle avec l'entourage est interrompue par
des représentations délirantes. Le malade est tellement
empêtré dans ces représentations, il entretient tellement
ses propres représentations pathologiques, qu'il ne peut
plus vraiment écouter la parole des autres. Mais le caractère insupportable précisément de cette séparation de la
communauté dialogale naturelle des hommes l'amène
finalement à y discerner une maladie, et le conduit chez
le médecin. La situation de dénouement qui est décrite
là est d'une signification remarquable pour notre propos.
L'extrême est toujours riche d'enseignements pour les cas
intermédiaires. Or la particularité du dialogue thérapeutique psychanalytique, c'est qu'il entreprend de guérir
l'incapacité au dialogue, qui constitue ici la véritable
maladie, uniquement par le dialogue. Pourtant ce qu'il
faut retenir dans ce processus n'est pas transmissible de
façon simple. D'une part l'analyste n'est pas simplement
le partenaire d'un dialogue, mais aussi celui qui sait, celui
qui fait pression contre la résistance du patient pour que
s'ouvrent les domaines tabous de l'inconscient. Certes, on
met à juste titre l'accent sur le fait qu'ensuite le dialogue
lui-même est néanmoins un travail d'éclaircissement en
commun, et non une simple application d'un savoir de la
part du médecin. Mais une autre condition, qui lui est
connexe et limite la transposition du dialogue thérapeutique psychanalytique à la vie dialogale de la pratique
sociale, est une condition spécifique. Ici la condition initiale doit être que le patient comprenne qu'il est malade,
c'est-à-dire s'avoue à lui-même son incapacité au dialogue.

```
          ┌
              Prolongements
                                        ┐
```

Sujets de dissertation

- Faut-il admettre toutes les opinions ?
- L'opinion a-t-elle toujours tort ?
- La vérité peut-elle naître du conflit des opinions ?
- Peut-on tolérer l'intolérable ?
- Pour être tolérant, faut-il être sceptique ?
- La liberté d'expression peut-elle être totale ?
- Le bonheur a-t-il pour condition la liberté ?
- N'y a-t-il pire tyrannie que celle de l'opinion publique ?

Du côté de la littérature et de la poésie

- Pour apprécier le rôle décisif et libérateur joué par l'univers des poètes romantiques anglais auprès de Mill, on lira notamment les *Poèmes* de William WORDSWORTH (Poésie/Gallimard) et les *Ballades lyriques* (José Corti) ; de Samuel COLERIDGE, on pourra lire *Le dit du vieux marin*, publié également chez Corti, ainsi que *Les Sermons laïques* chez Gallimard.
- On peut aussi apprécier le beau roman de Charles DICKENS, *Les Temps difficiles*, (Folio classique n° 3190), où l'on trouve une présentation satirique de l'utilitarisme.

Pistes de réflexion

• **Socrate, le pourceau et l'imbécile heureux**

Dans un passage fameux de *L'Utilitarisme*, Mill écrit qu'il
«vaut mieux être un être humain insatisfait qu'un pourceau satisfait, Socrate insatisfait qu'un imbécile satisfait».
À première vue, on pourrait voir dans ces lignes qui ont
fait couler beaucoup d'encre une contradiction importante et manifeste de Mill. On sait que notre penseur
adopte une position hédoniste, selon laquelle le plaisir, et
à sa suite le bonheur, constitue le bien suprême. Or, l'insatisfaction de Socrate est, dans ce passage et contre toute
logique, présentée comme préférable à la satisfaction de
l'imbécile. Ce que Mill nous donne à penser est la figure
fascinante de l'imbécile heureux. Ce dernier exhibe une
vie éloignée de toute souffrance, de toute inquiétude au
point qu'il faudrait dire que si la sagesse de Socrate le
conduit à faire l'idiot, le véritable idiot serait, finalement,
sage et véritablement heureux. Pourtant, à l'évidence,
nous pouvons hésiter à saisir comme enviable et désirable
la vie apparemment heureuse de l'imbécile ou de l'idiot.
Si, par exemple, un médecin nous proposait de subir un
traitement médical et chirurgical qui nous soulagerait de
toutes nos souffrances et qui nous permettrait de
connaître, à coup sûr, les plaisirs du crétin et de l'ignare,
il n'est pas du tout certain que nous serions conduits à
choisir l'opération proposée et le type d'existence qu'elle
nous promet.

Pourquoi le bonheur de l'imbécile n'est-il pas vraiment
enviable? Pour répondre à cette question, il faut, préala-
blement, laver Mill du soupçon de contradiction que nous
avons aperçu. Notre philosophe veut dire, en fait, que
Socrate, sans être forcément ou nécessairement malheureux, est possiblement exposé à des tourments importants.
En effet, si la vie de Socrate est liée à l'idée et à la présence

de plaisirs nobles et élevés, on peut comprendre que son existence puisse être le théâtre de souffrances élevées : « Un être possédant des facultés plus élevées demande davantage pour être heureux : il est probablement capable de souffrance plus intense et y est certainement vulnérable en plus de points qu'un être d'un type inférieur. » Mill nous enjoint, par suite, de bien distinguer entre la satisfaction et le bonheur. Plus un être possède de faibles capacités à ressentir de la satisfaction, plus il a de chances « de les satisfaire pleinement ». Autrement dit, si tel individu est particulièrement disponible au fait de ressentir un petit nombre de plaisirs peu variés, il sera satisfait dès l'instant où il parviendra à satisfaire les plaisirs en question. Mais, en revanche, tel autre individu, soucieux de plaisirs plus variés, ne connaîtra vraisemblablement pas une pleine et entière satisfaction. Puisque ses exigences sont plus hautes, il pourra toujours faire l'épreuve de l'insatisfaction. Au regard du bonheur qu'on peut définir comme une vie qui manifeste « des douleurs peu nombreuses et passagères, des plaisirs nombreux et variés » et « une nette prédominance de l'action sur la passivité », la situation de l'imbécile satisfait n'est alors pas préférable à celle de Socrate insatisfait. Ce dernier n'est pas moins heureux que le premier même s'il est, de fait, sujet à davantage d'insatisfaction. Il est, à suivre Mill, un bonheur authentiquement humain qui consiste à accéder aux nobles plaisirs des facultés humaines les plus hautes, conception qui découle de l'hédonisme qualitatif de notre penseur. Comme il le dit plaisamment, dans *L'Utilitarisme* : « si l'imbécile ou le pourceau sont d'un avis différent [à savoir, s'ils refusent d'accorder l'idée avancée par notre passage], c'est parce qu'ils ne connaissent que leur version de la question ; l'homme à qui on les compare connaît les deux côtés. »

• **Le panoptique de Bentham**
On se souvient de l'influence de Bentham sur Mill. Mais, en France, au XXᵉ siècle, il est un ouvrage célèbre qui a

contribué à la redécouverte du maître de Mill : le grand livre de Michel FOUCAULT, *Surveiller et Punir* (Tel n° 225), qui développe une forte analyse du panoptique de Bentham. Voilà comment Foucault présente le panoptique, qui est aussi bien un principe général permettant d'organiser la construction des prisons que l'édifice carcéral comme tel : «À la périphérie un bâtiment en anneau ; au centre, une tour ; celle-ci est percée de larges fenêtres qui ouvrent sur la face intérieure de l'anneau ; le bâtiment périphérique est divisé en cellules, dont chacune traverse toute l'épaisseur du bâtiment ; elles ont deux fenêtres, l'une vers l'intérieur correspondant aux fenêtres de la tour ; l'autre, donnant sur l'extérieur, permet à la lumière de traverser la cellule de part en part. » Le dispositif doit pouvoir permettre à un seul individu de voir toutes les cellules ; plus encore, comme le dit Foucault, le dispositif fait que le détenu doit se sentir épié sans pouvoir vérifier s'il est effectivement regardé par quelqu'un : «Le panoptique est une machine à dissocier le couple voir-être vu. » Il s'agit de maximiser les effets en mobilisant des coûts minimes puisque la masse individualisée des détenus est surveillée par un inspecteur invisible. Le principe doit pouvoir s'appliquer à d'autres édifices et institutions que la prison comme l'école, l'hôpital, tout lieu de production. On peut sans doute voir dans le panoptique de Bentham et sa logique de transparence intégrale la formulation d'un principe rationnel de contrôle et de surveillance d'un grand nombre d'individus. En ce sens, si nos sociétés tendent à être des sociétés de contrôle, elles le doivent à certaines des idées révolutionnaires, mais aussi inquiétantes, de Bentham.

Lycée

Série Philosophie

Notions d'esthétique (anthologie) (110)

ALAIN, *44 Propos sur le bonheur* (105)

Hannah ARENDT, *La Crise de l'éducation*, extrait de *La Crise de la culture* (89)

ARISTOTE, *Invitation à la philosophie (Protreptique)* (85)

Saint AUGUSTIN, *La création du monde et le temps* — « Livre XI, extrait des *Confessions* » (88)

Walter BENJAMIN, *L'œuvre d'art à l'époque de sa reproductibilité technique* (123)

René DESCARTES, *Méditations métaphysiques* — « 1, 2 et 3 » (77)

Michel FOUCAULT, *Droit de mort et pouvoir sur la vie*, extrait de *La Volonté de savoir* (79)

Sigmund FREUD, *Sur le rêve* (90)

Thomas HOBBES, *Léviathan* — « Chapitres 13 à 17 » (111)

Emmanuel KANT, *Des principes de la raison pure pratique*, extrait de la *Critique de la raison pratique* (87)

Claude LÉVI-STRAUSS, *Race et histoire* (104)

Nicolas MALEBRANCHE, *La Recherche de la vérité* — « De l'imagination, 2 et 3 » (81)

Maurice MERLEAU-PONTY, *L'Œil et l'Esprit* (84)

MARC AURÈLE, *Pensées* — « Livres II à IV » (121)

Friedrich NIETZSCHE, *La « faute », la « mauvaise conscience » et ce qui leur ressemble (Deuxième dissertation)*, extrait de *La Généalogie de la morale* (86)

Blaise PASCAL, *Trois discours sur la condition des Grands et six liasses extraites des Pensées* (83)

PLATON, *Apologie de Socrate* (124)

PLATON, *Le Banquet* (109)

PLATON, *La République* — « Livres 6 et 7 » (78)

Jean-Jacques ROUSSEAU, *Discours sur l'origine et les fondements de l'inégalité parmi les hommes* (82)

Baruch SPINOZA, *Lettres sur le mal* — « Correspondance avec Blyenbergh » (80)

Alexis de TOCQUEVILLE, *De la démocratie en Amérique I* — « Introduction, chapitres 6 et 7 de la deuxième partie » (97)

Simone WEIL, *Les Besoins de l'âme*, extrait de *L'Enracinement* (96)

Série Classiques

Écrire sur la peinture (anthologie) (68)

La poésie baroque (anthologie) (14)

Mère et fille : correspondances (anthologie) (112)

Le sonnet (anthologie) (46)

Honoré de BALZAC, *La Peau de chagrin* (11)

René BARJAVEL, *Ravage* (95)

Charles BAUDELAIRE, *Les Fleurs du mal* (17)

André BRETON, *Nadja* (107)

Albert CAMUS, *L'Étranger* (40)

Albert CAMUS, *La Peste* (119)

Louis-Ferdinand CÉLINE, *Voyage au bout de la nuit* (60)

René CHAR, *Feuillets d'Hypnos* (99)

François-René de CHATEAUBRIAND, *Mémoires d'outre-tombe* — « Livres IX à XII » (118)

Albert COHEN, *Le Livre de ma mère* (45)

Pour plus d'informations,
consultez le catalogue à l'adresse suivante :
http://www.gallimard.fr

Composition Bussière.
Impression Novoprint
à Barcelone, le 12 décembre 2007.
Dépôt légal : décembre 2007.
ISBN 978-2-07-034965-4./Imprimé en Espagne.